EU E A SUPREMACIA BRANCA

LAYLA F. SAAD

EU E A SUPREMACIA BRANCA

COMO RECONHECER SEU PRIVILÉGIO, COMBATER O RACISMO E MUDAR O MUNDO

Tradução: Petê Rissatti

Rocco

Título original
ME AND WHITE SUPREMACY
Combat Racism, Change the World, and
Become a Good Ancestor

Agradeço a generosidade do site The Circle Way ao permitir o acesso livre às suas informações e práticas. A menção neste livro a este grupo não implica um endosso. Apenas incentivo os leitores a consultar o "thecircleway.net" a fim de encontrar outros materiais disponíveis e ler o livro *The Circle Way: A Leader in Every Chair* (San Francisco: Berrett-Koehler Publishers, 2010).

Edição brasileira publicada mediante acordo com
Folio Literary Management LLC, e Agência Riff.

Direitos para a língua portuguesa reservados
com exclusividade para o Brasil à
EDITORA ROCCO LTDA.
Rua Evaristo da Veiga, 65 – 11º andar
Passeio Corporate – Torre 1
20031-040 – Rio de Janeiro – RJ
Tel.: (21) 3525-2000 – Fax: (21) 3525-2001
rocco@rocco.com.br
www.rocco.com.br

Printed in Brazil/Impresso no Brasil

Revisão técnica
WINNIE BUENO

Preparação de originais
SOFIA SOTER

CIP-Brasil. Catalogação na publicação.
Sindicato Nacional dos Editores de Livros, RJ.

S116e
Saad, Layla F.
Eu e a supremacia branca: como reconhecer seu privilégio, combater o racismo e mudar o mundo / Layla F. Saad; tradução Petê Rissatti. – 1. ed. – Rio de Janeiro: Rocco, 2020.

Tradução de: Me and white supremacy : combat racism, change the world, and become a good ancestor
ISBN 978-65-5532-037-4
ISBN 978-65-5595-025-0 (e-book)

1. Racismo - Aspectos sociais. 2. Relações raciais. 3. Discriminação racial. 4. Igualdade. I. Rissatti, Petê. II. Título.

20-66320
CDD: 305.8096
CDU: 316.482.5:342.724

Meri Gleice Rodrigues de Souza – Bibliotecária – CRB-7/6439

O texto deste livro obedece às normas do
Acordo Ortográfico da Língua Portuguesa.

Para Sam, Maya e Mohamed.
Obrigada por me amar, acreditar em mim
e me inspirar a ser uma boa ancestral.

Amo vocês.
Este livro é para vocês.

Para moldar Deus
Com sabedoria e planejamento
Para beneficiar seu mundo,
Sua gente,
Sua vida,
Considere as consequências
Minimize o mal,
Faça perguntas,
Procure respostas
Aprenda,
Ensine.

Semente da Terra: O livro dos vivos
Versículo 43

Octavia Butler, *A parábola dos talentos**

* Tradução de Carolina Caires Coelho. Editora Morro Branco, 2019.

Sumário

Prefácio

ROBIN DIANGELO

"Tudo bem!", você diz. "Entendi. Agora, o que eu faço?"

Sou uma educadora antirracista branca. Invariavelmente, a pergunta número um que um participante branco faz ao final de uma apresentação minha é "O que eu faço?". Pode parecer razoável fazer essa pergunta ao perceber que você é cúmplice da supremacia branca. No entanto, é uma questão problemática. Em primeiro lugar, é problemática porque acredito que não é sincera. A minha experiência na liderança de projetos de educação antirracista nos últimos 25 anos me mostrou que, frequentemente, a maioria das pessoas brancas não *quer* saber o que fazer com o racismo se isso envolver uma atitude inconveniente ou desconfortável.

De fato, fazer essa pergunta geralmente é uma maneira de atenuar ou afastar a sensação de desconforto racial. Embora o *status quo* racista seja confortável para mim praticamente o tempo todo, visto que sou uma pessoa branca, desafiar o *status quo* racista não é. Construir o compromisso antirracista necessário para desafiar o *status quo* racista é, portanto, uma parte essencial do nosso trabalho como pessoas brancas. Ir atrás de soluções apressadas, especialmente quando mal começamos a pensar criticamente sobre o problema, ignora o trabalho pessoal e a reflexão necessários e nos distancia do entendimento de nossa própria cumplicidade. Na realidade, o desconforto racial é *inerente* a um exame autêntico da supremacia branca. Ao evitar esse desconforto, o *status quo* racista é protegido.

A demanda arrogante por respostas simples também nos permite descartar as informações se essas respostas não aparecerem ("Ela não nos disse o que fazer!"). Essa postura se mostra especialmente presunçosa quando essas respostas são exigidas de pessoas negras, indígenas e não brancas em geral.* Em suma, estamos dizendo: "Faça todo o trabalho e assuma todo o risco, depois me entregue os frutos do seu trabalho. Vou relaxar e receber tudo o que você trouxer, sem correr riscos pessoais." E o que acontece quando não gostamos das respostas porque elas não são rápidas, convenientes ou confortáveis? Quando as respostas desafiam nossa autoimagem como indivíduos progressistas de mente aberta, livres de todo condicionamento racial? Como pessoas não brancas já viram muitas vezes, quando não concordamos com as respostas que exigimos, com frequência nos sentimos qualificados para descartá-las.

A supremacia branca é, sem dúvida, o sistema social mais complexo dos últimos séculos. Se ao menos bastasse ser legal e sorridente! Mas, é óbvio, não há soluções fáceis para acabar com a supremacia branca.

Em meu esforço para responder à pergunta sobre o próximo passo, comecei a rebater com outra pergunta: "E como é que você não sabe?" Na era do Google e das mídias sociais, informações sobre o que pessoas brancas podem fazer com relação ao racismo estão em todo lugar, e as pessoas não brancas vêm nos falando do que precisam faz muito tempo. Por que não buscamos informações por conta própria até agora? Por que não buscamos essas informações como teríamos feito com qualquer outro tópico que nos interessasse? Perguntar aos brancos por que eles ainda não sabem a resposta é um desafio à apatia frente à supremacia branca que eu acredito que a maioria dos brancos sente, mas também é uma pergunta sincera. Se realmente fizéssemos uma lista dos motivos por que não sabemos o que fazer, teríamos um guia para seguir em frente. Nada nesse guia seria simples ou fácil de mudar, mas a mudança seria possível. Sua lista pode ser algo assim:

---

* No original, se usa a sigla em inglês BIPOC (Black, Indigenous and People of Color), que poderia ser traduzida como "pessoas negras, indígenas e não brancas", e é utilizada para se referir a esses grupos de forma geral desde 2013. (N. do T.)

- Não recebi educação sobre o racismo.
- Não falo de racismo com outras pessoas brancas.
- Não falo de racismo com pessoas de outras etnias do meu convívio.
- Eu não convivo com pessoas de outras etnias.
- Não quero me sentir culpado.
- Nunca dei atenção o suficiente para aprender.

Layla F. Saad nos deu um roteiro para abordar cada um dos pontos acima, bem como para abordar toda a dinâmica que levantei e muito mais. Este livro é um presente de compaixão de uma mulher negra brilhante e disposta a guiá-lo através de um exame profundo do condicionamento racial branco a serviço de sua libertação. *Eu e a supremacia branca* é um recurso novo e extraordinário, um ato de amor às pessoas brancas que desejam alinhar o que elas dizem valorizar (igualdade racial) com sua prática real (ação antirracista). De forma nítida e acessível, Layla respondeu à pergunta. Agora, cada vez que uma pessoa branca me perguntar o que deve fazer, minha resposta incluirá: "Estude este livro."

PARTE I

Venha, vamos trabalhar

Cara leitora, caro leitor,

O que você sentiu quando leu o título deste livro? Surpresa? Confusão? Curiosidade? Desconforto? Talvez todas as opções acima? Quero começar dizendo que todos esses sentimentos e muitos outros são completamente normais. Este é um livro simples e direto, mas nada fácil. Venha, vamos trabalhar.

Meu nome é Layla e, pelos próximos 28 dias (pelo menos!), vou servir de guia em uma jornada para ajudar você a explorar e revelar seu relacionamento com a supremacia branca. Este livro é uma ferramenta antirracista pessoal única, estruturada para ajudar as pessoas com privilégio branco a entender e se apropriar de sua participação no sistema opressor da supremacia branca. Ele foi feito para ajudar as pessoas a assumir a responsabilidade de desmantelar a maneira como esse sistema se manifesta, tanto dentro de si mesmas como em suas comunidades.

A principal força que impulsiona meu trabalho é um desejo intenso de me tornar uma boa ancestral. Meu objetivo é ajudar a criar a mudança, facilitar a cura e semear novas possibilidades para aqueles que virão depois que eu partir. Este livro é uma contribuição para esse propósito. Espero que, com este recurso, você possa realizar o trabalho interno e externo necessário para se tornar um bom ancestral também. Para deixar este mundo em um estado melhor do que aquele no qual você o encontrou. O sistema de supremacia branca não foi criado por quem está vivo hoje, mas é mantido e perpetuado por todos os que têm privilégio branco — quer você queira ou não, quer concorde com ele ou não. Desejo que este livro lhe ajude a questionar, desafiar e desmontar esse sistema que feriu e matou muitos negros, indígenas e pessoas de outras etnias, ou seja, pessoas não brancas.

Este livro começou como um desafio gratuito de 28 dias no Instagram, que se tornou um manual de trabalho digital em PDF que disponibilizei gratuitamente e foi baixado por quase 90 mil pessoas em todo o mundo. Agora está nas suas mãos como um livro publicado. Espero que sirva como um companheiro confiável que você levará em sua metafórica mochila antirracismo.

Este livro é em parte educação, em parte estímulo. Você se verá expandindo a compreensão intelectual do racismo e da supremacia branca, mas, mais importante, você se verá fazendo um trabalho como indivíduo para ajudar a desmantelá-la. Este livro auxiliará você a ter uma visão clara dos aspectos multifacetados da supremacia branca e de como eles operam de maneira sutil e direta dentro de você e de outras pessoas. Ele agirá como um espelho para que você possa examinar profundamente como foi cúmplice de um sistema propositalmente projetado para beneficiar você por meio de privilégios imerecidos à custa de pessoas não brancas. Este livro é para pessoas que estão prontas para trabalhar, pessoas que desejam criar mudanças no mundo, estimulando-as dentro de si mesmas primeiro.

Estamos em um momento muito importante da história. Muitos progressistas brancos gostam de acreditar que estamos em um período pós-racial* na história. No entanto, a verdade é que o racismo e a antinegritude ainda estão bem vivos hoje. Pessoas não brancas sofrem diariamente com os efeitos do colonialismo histórico e moderno. O nacionalismo antimuçulmano de direita está ganhando popularidade em todo o mundo ocidental, e a antinegritude continua sendo uma forma de racismo encontrada em todo o planeta. Pode parecer que estamos em um momento da história em que o racismo e a supremacia branca estão ressurgindo, mas a verdade é que nunca desapareceram. Portan-

* "Diz-se do contexto histórico em que o chamado pecado original da escravatura e a discriminação racial institucionalizada se atenuam ou desaparecem, dando lugar a sociedades mais igualitárias." [*Pós-racial* in Dicionário Infopédia da Língua Portuguesa. Porto Editora, 2003-2020] (N. do E.)

to, embora seja verdade que certos eventos da história recente, como a eleição presidencial dos EUA* em 2016, trouxeram essas questões à tona, a realidade é que elas sempre estiveram presentes. As pessoas não brancas nas sociedades e nos espaços dominados por brancos enfrentam constante discriminação, iniquidade, injustiça e agressão.

Mais do que nunca, pessoas com privilégio branco estão aprendendo sobre dinâmica racial e terminologias de justiça social. Estão despertando para o fato de que seu privilégio branco as protegeu de ter que entender o que significa viver neste mundo sendo uma pessoa não branca e as maneiras pelas quais causaram danos não intencionais a indivíduos não brancos por meio de agressões raciais. Este livro está aqui para mudar isso. Está aqui para que você acorde, fazendo com que diga a verdade. Este trabalho não é sobre aqueles brancos "por aí".

Trata-se de você. Só você.

É importante entender que este é um trabalho profundo, sem rodeios, desafiador, pessoal, que vai partir o coração e também expandi-lo. Este livro desafiará você de maneiras como nunca foi desafiado. Estamos vivendo tempos difíceis. Há muito trabalho a ser feito. Isso começa ao ser sincero com si mesmo, educar-se, conscientizar-se a respeito do que realmente está acontecendo (e de como você é cúmplice), e ao sentir o desconforto de questionar seus principais paradigmas sobre raça. Se você estiver disposto a fazer isso, e se estivermos todos comprometidos em fazer o trabalho que é nossa responsabilidade, teremos a oportunidade de criar um mundo e um modo de vida mais próximos do que todos desejamos para nós mesmos e para os outros.

Este trabalho parece assolador, intimidador e pouco gratificante. Não vou mentir: é mesmo. Você se impressionará quando começar a descobrir as profundezas de sua supremacia branca internalizada. Você se intimidará quando começar a perceber como esse trabalho exigirá mudanças sísmicas em sua vida. Você sentirá que a recompensa por isso

---

* E a eleição presidencial do Brasil em 2018. (N. da R.T.)

é pouca, porque não haverá ninguém correndo para lhe agradecer pelo trabalho. No entanto, se você for uma pessoa que acredita em amor, justiça, integridade e equidade para todos, saberá que este trabalho é inegociável. Se desejar se tornar um bom antepassado, saberá que este trabalho é um dos mais importantes que você terá de fazer na vida.

Que façamos o que é certo, não o que é fácil.

Um pouco sobre mim

Como vamos passar um tempo considerável juntos, fazendo um trabalho muito profundo e vulnerável, acho importante que você saiba um pouco sobre mim — sua guia — antes de começarmos.

A primeira coisa a saber é que eu estou em várias interseções diferentes de identidade e experiências ao mesmo tempo. Sou uma mulher negra. Mais especificamente, sou uma mulher negra da África Oriental e do Oriente Médio. Sou muçulmana. Sou cidadã britânica. Moro no Catar. E falo, escrevo e dou aulas para um público global.

Meus pais emigraram para o Reino Unido de Zanzibar e do Quênia na década de 1970, e foi então que se conheceram e se casaram. Meus dois irmãos mais novos e eu nascemos e passamos os primeiros anos de nossas infâncias em Cardiff, no País de Gales, depois nos mudamos para Swindon, na Inglaterra, e finalmente para Doha, no Catar, onde ainda moro hoje. Meu pai, que agora está chegando perto da aposentadoria, passou toda a carreira navegando pelo mundo, sendo da Marinha. Ele viajava para lugares distantes e nos trazia presentes e histórias de outros países. É importante ressaltar que ele despertou em mim e em meus irmãos uma filosofia de sermos cidadãos do mundo. Trago comigo até hoje essa ideia de que não existe nenhum lugar no mundo ao qual não pertencemos e que não precisamos nos limitar às tentativas de alguém de nos rotular ou definir. Minha mãe incrível assumiu a tarefa hercúlea de ser pai e mãe para mim e para meus irmãos durante os longos meses em que meu pai estava trabalhando no mar. Ela se dedicou a criar um ambiente em nossa casa no qual nossa identidade cultural e nossas crenças religiosas eram nutridas e praticadas. A base carinhosa estabelecida por ela naqueles anos de nossa infância permanece forte até hoje.

No entanto, toda vez que saíamos de casa, toda vez que íamos à escola, toda vez que assistíamos à TV, toda vez que nos conectávamos com o restante do mundo, estávamos interagindo com a supremacia branca. Todos os dias, de maneiras pequenas e grandes, éramos lembrados de que éramos "os outros". Que éramos menos do que aqueles que tinham privilégio branco. Posso contar nos dedos de uma mão o número de vezes que sofri racismo explícito, mas de inúmeras maneiras sutis, todos os dias, isso era sentido indiretamente. E essas mensagens indiretas — desde ser tratada de maneira um pouco diferente pelos professores da escola, a quase nunca ver personagens fictícios ou representações da mídia parecidas comigo, a entender que eu teria que trabalhar muito mais do que meus colegas brancos para ser tratada da mesma maneira que eles, a entender que minhas necessidades vinham sempre em segundo lugar (por que nunca consegui encontrar uma base que correspondesse exatamente à cor da minha pele, sendo que minhas amigas brancas sempre conseguiam?) — criaram uma imagem indelével em minha mente. Uma imagem que me ensinou o seguinte: garotas negras como eu não importavam em um mundo branco. Passarei o resto da minha vida destruindo esta imagem e pintando uma nova que reflete a verdade: garotas negras importam. Em toda parte.

Ao longo da vida, morei em três continentes diferentes: Europa, África e Ásia. Passei pouco mais da metade desse tempo fora do mundo ocidental, mas isso não significa que os efeitos da supremacia branca não continuaram me afetando. Quero deixar bem claro que, embora eu seja uma mulher muçulmana negra, também tenho muitos privilégios. Não vivo em uma sociedade supremacista branca. A religião que pratico é a religião nacional do país em que vivo. Tenho privilégios socioeconômicos e educacionais, além daqueles por ser uma mulher cisgênero, heterossexual, sem deficiência e neurotípica. Não posso falar com profundidade da dor que as pessoas negras descendentes de escravizados sentem com o racismo nos países da diáspora africana, pois não é minha experiência. Morando no Oriente Médio, não estou exposta à experiência mais direta do racismo institucional à qual meus irmãos mais novos, minha sobrinha e meu sobrinho estão expostos no Reino Unido. No entanto, minha infância como menina muçulmana negra em uma sociedade cristã majoritariamente branca impactou negativamente meu autodesenvolvimento e minha autoestima. E como adulta, na internet, onde mais de 50% da população mundial gasta seu tempo e onde faço meu trabalho, estou exposta à supremacia branca todos os dias.

Como alguém que compartilha seu trabalho com um público global (a maioria dos meus leitores e ouvintes está na América do Norte, Europa, Austrália e Nova Zelândia), enfrento a inevitável fragilidade branca resultante de ser uma mulher muçulmana negra com voz. O fato de eu não morar em um país ocidental não me protege de receber e-mails ou mensagens agressivas por fazer o trabalho que faço.

Ainda assim, você pode estar se perguntando: "Por que você?"

Como alguém que não vive em uma sociedade dominada por brancos e que não carrega uma linhagem dos horrores da escravidão de meus ancestrais, por que escolhi escrever este livro e facilitar esse trabalho? Por que o desmantelamento da supremacia branca importa tanto para mim?

Importa para mim porque sou uma mulher negra. Meu trabalho nasce da dor e do orgulho de ser uma mulher negra. É doloroso para mim saber como as pessoas não brancas como eu são vistas e tratadas por causa da nossa cor da pele. Ao mesmo tempo, sinto-me incrivelmente orgulhosa de permanecer na plenitude de quem sou como mulher negra e de apoiar outras como eu a fazer o mesmo, desmantelando o sistema que nos impediu de fazê-lo.

Faço este trabalho porque a supremacia branca teve impacto negativo em como eu me vejo e em como o mundo me vê e me trata. Faço este trabalho porque a supremacia branca impactará negativamente meus filhos e meus descendentes: como eles se veem e como o mundo os verá e os tratará. Faço este trabalho porque pertenço à família global da diáspora africana, e me dói que os negros de todo o mundo sejam tratados como inferiores por causa da cor da pele. Faço este trabalho porque as pessoas racializadas em todos os lugares merecem ser tratadas com dignidade e respeito, algo que a supremacia branca lhes tira. Faço este trabalho porque tenho voz, e é minha responsabilidade usá-la para desmontar um sistema que me machucou e que machuca pessoas não brancas todos os dias. Faço este trabalho porque fui chamada e atendi ao chamado.

Os conceitos que reuni neste livro partem de minhas experiências pessoais (tanto como criança quanto como adulta, independentemente de onde vivi no mundo) e são aprofundados e ilustrados com exemplos de experiências que testemunhei, contextos históricos, momentos culturais, literatura ficcional e não ficcional, mídia e muito mais. Sou apenas uma mulher muçulmana negra que contribui para as montanhas de trabalho e mão de obra que foram usadas para desmantelar a supremacia branca por pessoas não brancas muito mais corajosas do que eu, que arriscam muito mais, em todo o mundo, há séculos. É uma honra ter a oportunidade de contribuir com este trabalho global e coletivo.

É minha esperança que este trabalho — uma combinação de aprendizado e diário de reflexão — crie uma profunda mudança de consciência e ação dentro de você para ajudar a criar um mundo sem supremacia branca.

O que é supremacia branca?

A supremacia branca é uma ideologia racista que se baseia na crença de que os brancos são superiores em muitos aspectos às pessoas de outras raças e que, portanto, os brancos devem ser dominantes sobre outras raças.[1] A supremacia branca não é apenas uma atitude ou maneira de pensar. Também se estende à forma como as instituições e os sistemas são estruturados para sustentar esse domínio branco. Para os propósitos deste livro, vamos apenas explorar e destrinchar as expressões da supremacia branca no nível pessoal e individual. No entanto, uma vez que sistemas e instituições são criados e mantidos por muitas pessoas, é minha esperança que, à medida que mais pessoas façam o trabalho interno e individual aqui, haja um efeito cascata da mudança de atitude de como a supremacia branca é mantida lá fora. Portanto, este trabalho não trata apenas de mudar a aparência das coisas, mas o modo como elas realmente são — de dentro para fora, uma pessoa, uma família, uma empresa e uma comunidade de cada vez.

Talvez você esteja se perguntando por que escolhi usar as palavras "supremacia branca" para este livro, em vez de um termo mais suave ou menos conflituoso como *Eu e o privilégio branco* ou *Eu e o preconceito inconsciente*. Certamente teria tornado menos complicado pegar este livro na livraria ou compartilhá-lo com sua família e seus amigos! Muita gente pensa que supremacia branca é um termo usado apenas para descrever

---

[1] WHITE Supremacy. *In*: WIKIPEDIA. Disponível em: <https://en.wikipedia.org/wiki/White_supremacy>. Acesso em: 8 mai. 2019.

radicais de extrema-direita e neonazistas. No entanto, a ideia de que a supremacia branca só se aplica aos chamados "malvados" é incorreta e perigosa, porque reforça a ideia de que a supremacia branca é uma ideologia sustentada unicamente por um grupo marginal de brancos. A supremacia branca está longe de ser marginal. Nas sociedades e comunidades centradas em brancos, é o paradigma dominante que forma a base a partir da qual são criadas normas, regras e leis.

Muitas pessoas brancas ouvem as palavras "supremacia branca" e pensam que não se aplicam a elas, que elas não sustentam essa crença, visto que acreditam que todos somos iguais e que elas não tratam as pessoas de modo diferente por causa da cor da sua pele. O que este livro, uma ferramenta de mergulho profundo na autorreflexão, ajudará a perceber, porém, é que isso não é verdade. A supremacia branca é uma ideologia, um paradigma, um sistema institucional e uma visão de mundo entranhada em você desde o nascimento em decorrência de seu privilégio branco. Eu não estou falando que a cor da sua pele é inerentemente ruim ou vergonhosa. Estou falando sobre a legislação histórica e moderna, o condicionamento social e a institucionalização sistêmica da construção da branquitude como inerentemente superior às pessoas de outras raças. Sim, certos sistemas de opressão externamente racistas como escravidão, apartheid e discriminação racial no emprego foram tornados ilegais. No entanto, a discriminação sutil ou explícita, a marginalização, o abuso e o assassinato de pessoas não brancas em comunidades dominadas por brancos continua até hoje porque a supremacia branca continua a ser o paradigma dominante sob o qual as sociedades brancas operam.

Então, devemos dar às coisas os nomes que elas têm.

Devemos olhar diretamente para as maneiras como essa ideologia racista da supremacia branca, essa ideia de que branco é melhor, superior, mais digno, mais confiável, mais merecedor e mais valioso, prejudicam ativamente quem não tem privilégio branco.

Se você estiver disposto a ousar encarar a supremacia branca diretamente nos olhos e se ver refletido nela, ficará mais preparado para desmontá-la dentro de si e dentro de suas comunidades.

A supremacia branca é um sistema dentro do qual você nasceu. Quer você saiba ou não, é um sistema que lhe concedeu privilégios, proteção e poder de mão beijada. É também um sistema feito para manter você adormecido e inconsciente do que seu privilégio, sua proteção e seu poder significam para pessoas que não se parecem com você. O que você recebe por ser branco tem um custo alto para quem não é branco. Isso pode deixá-lo enojado e fazer com que sinta culpa, raiva e frustração, mas você não pode alterar a cor da sua pele branca para parar de receber esses privilégios, assim como uma pessoa negra não pode mudar a cor da pele para parar de ser atingida pelo racismo. O que você *pode* fazer é acordar para o que realmente está acontecendo. Convido você a desafiar sua cumplicidade neste sistema e trabalhar para desmontá-lo dentro de si e do mundo.

Para quem é este trabalho?

Este trabalho é para qualquer pessoa que tenha privilégio branco. Quando digo "qualquer pessoa", refiro-me a pessoas de qualquer identidade de gênero, incluindo aquelas que não se conformam aos padrões binários de gênero e, quando digo "que tenha privilégio branco", refiro-me a pessoas visualmente identificáveis como brancas ou que passam por brancas. Portanto, isso inclui pessoas birraciais, multirraciais ou de outras identidades étnicas que são lidas como brancas e se beneficiam de sistemas de supremacia branca por terem uma cor de pele mais clara que pessoas visivelmente negras, indígenas e socialmente racializadas.

Nota importante para as pessoas birraciais, multirraciais e socialmente racializadas que têm privilégio branco: este trabalho também é para você. No entanto, sua experiência de fazer este trabalho será muito diferente da experiência das outras pessoas brancas. Embora você receba os benefícios do privilégio branco por ter pele mais clara ou por ser vista como uma pessoa branca em determinados contextos, isso não significa que você teve as mesmas experiências que uma pessoa branca. Você pode ter pais ou outros ancestrais brancos. Ou talvez você não seja branco, mas, sim, uma pessoa não branca de pele mais clara, considerada branca ou adjacente à branquitude. Seu privilégio branco não apaga nem minimiza suas outras identidades ou experiências. Portanto, embora seja importante que você faça o trabalho para abordar sua supremacia branca e seu privilégio branco, precisará ajustar as perguntas para melhor se adequar às suas experiências como uma pessoa que tem privilégio branco, mas não é branca. Dependendo do seu privilégio branco específico, algumas questões propostas levarão você mais fundo do que outras. Algumas questões propostas serão mais diretamente aplicáveis a você do que outras.

Também é importante saber que este trabalho suscitará alguns sentimentos desafiadores em torno de sua opressão internalizada contra você mesmo e suas identidades marginalizadas, e sobre como você também foi oprimido por um sistema que apenas o beneficia na medida em que você é capaz de se apresentar ou passar como branco e se posicionar como antinegro.

Este trabalho provavelmente trará muitas emoções conflitantes, incluindo vergonha, confusão, medo, raiva, remorso, tristeza e ansiedade. Este trabalho apresentará dinâmicas que causaram danos a você ou a outros em seus relacionamentos familiares, amizades, relacionamentos românticos ou relacionamentos de trabalho. Priorize seu autocuidado à medida que avança neste trabalho. Não use isso como desculpa para não fazer o trabalho de maneira substancial, mas, ao mesmo tempo, honre a si mesmo e aos diferentes sentimentos que aparecem em torno de suas identidades. Não o use como uma bengala para bater em si mesmo, mas use-o para interrogar sua cumplicidade dentro de um sistema de privilégios que é projetado apenas para beneficiá-lo na medida em que possa estar em conformidade com as regras da branquitude.

O que você precisará para fazer este trabalho

Você precisará de três coisas para este trabalho:

sua verdade
seu amor
seu compromisso

SUA VERDADE

Este é um trabalho da verdade. Diga a verdade, da forma mais profunda que puder. Sem desvios ou superficialidade. Quanto mais você disser a verdade, mais profundamente o trabalho vai lhe levar. O que você conseguirá com este trabalho é o que investe nele. Se permanecer na superfície, o que você obtiver deste trabalho (e consequentemente o que aplicará ao mundo como prática antirracista) será também superficial. Se você se aprofundar, se contar as verdades reais, cruas e feias para chegar ao âmago podre de sua opressão internalizada, o que você obtiver deste trabalho e devolver ao mundo transcenderá a transformação.

Não posso enfatizar o suficiente: este trabalho não é um exercício intelectual, nem um experimento mental. Quando falamos de racismo, estamos falando da vida das pessoas. Este não é um livro de crescimento pessoal desenvolvido para fazer você se sentir bem consigo. É provável que, ao fazer este trabalho de maneira consistente, você encontre algum nível de cura pessoal. No entanto, quero deixar bem claro que esse não é o objetivo deste trabalho. O objetivo é a cura e a dignidade restaurada de pessoas não brancas. Este trabalho foi desenvolvido para ajudá-lo a ser melhor e agir melhor com estas pessoas em suas comunidades, e isso exige que você diga a verdade com integridade e profundidade. Quando você não diz a verdade o mais profundamente que pode, você impede seu próprio crescimento, priva pessoas não brancas de seu apoio e ilustra que não está realmente comprometido em desmantelar a supremacia branca dentro de si e, portanto, dentro do mundo.

SEU AMOR

Este é um trabalho de amor. Amor é uma palavra muito difícil de definir, mas, no contexto deste trabalho, eis o que significa para mim: significa que você faz este trabalho porque acredita em algo maior do que o próprio ganho. Significa que você faz este trabalho porque acredita que todo ser humano merece dignidade, liberdade e igualdade. Significa que você faz este trabalho porque deseja a integridade para si e para o mundo. Significa que você faz este trabalho porque deseja se tornar um bom ancestral. Significa que você faz este trabalho porque amar não é um mero verbo para você, mas uma ação. Significa que você faz este trabalho porque não deseja mais prejudicar pessoas não brancas, intencional ou involuntariamente.

Você também precisará de amor para esta jornada porque, quando a verdade for realmente difícil, precisará de algo mais poderoso que a dor e a vergonha para encorajá-lo a continuar. Dor e vergonha não são desejáveis nem sustentáveis como estratégias de longo prazo para mudanças transformadoras. Espero que o amor seja o que inicialmente o trouxe a este trabalho. Acredito que o amor é o que vai fazer você seguir em frente.

SEU COMPROMISSO

Este é um trabalho de compromisso. Este trabalho é difícil. Não adianta disfarçar. A supremacia branca é um mal. É um sistema de opressão projetado para oferecer benefícios às pessoas brancas à custa da vida das pessoas não brancas e está vivendo dentro de você em forma de pensamentos e crenças inconscientes. O processo de examiná-lo e desmontá-lo será necessariamente doloroso. Será como diagnosticar um vírus que vive dentro de você há anos sem que você soubesse de sua existência. Quando você começar a interrogá-lo, ele reagirá para se proteger e manter sua posição.

Não há nada que eu possa fazer para protegê-lo disso. Não há redes de segurança, atalhos e rotas mais fáceis. Você vai querer fechar o livro, fugir e fingir que nunca ouviu falar de mim. Você vai querer me culpar, vai se enfurecer comigo, vai pensar que não tenho razão e vai listar todas as razões pelas quais você é uma boa pessoa e por que não precisa fazer este trabalho.

Essa é uma resposta normal e esperada. Essa é a resposta da fragilidade branca e da antinegritude internalizada. Você precisa entender isso antes de começar. Você precisa entender que é isso o que pode esperar. E você tem que decidir agora, antes de começar, e depois novamente ao longo do trabalho, que permanecerá comprometido independentemente do que acontecer. Você precisa decidir qual será a âncora que o manterá comprometido com este trabalho, se é um compromisso contra a opressão e a favor da dignidade das pessoas não brancas, seu compromisso com sua própria cura, seu compromisso de ser um melhor amigo ou parente de pessoas não brancas, ou seu compromisso com seus próprios valores pessoais ou espirituais. Decida agora, antes de começar, o que ajudará você a se comprometer com o trabalho quando as coisas ficarem difíceis.

O que me faz continuar é meu compromisso com a verdade e com o amor, e é o compromisso também com ser uma boa ancestral.

Como usar este livro

Aqui estão algumas dicas para usar este livro como uma jornada autoguiada.

Mantenha um diário

Este livro não foi criado apenas para ler, mas para trabalhar. A melhor maneira de fazer isso é comprar um diário para trabalhar nas reflexões sugeridas para cada dia. Você deve consultar as anotações do seu diário com frequência, pelo resto da vida, ao fazer o trabalho longo do antirracismo.

Vá no seu ritmo

Embora tenha sido concebido como um desafio de 28 dias, você não precisa concluir o trabalho dentro de 28 dias, de modo algum. Você pode ler este livro no seu próprio ritmo, tão rápido ou devagar quanto quiser. Lembre-se de que não é uma corrida, é uma jornada.

Não generalize

Ao responder às solicitações, não generalize amplamente sobre os brancos. Não fale sobre pessoas brancas como se você não fosse uma pessoa branca ou como se não se beneficiasse de privilégio branco. Lembre-se de que este livro trata de suas próprias experiências, pensamentos e crenças pessoais, não de outras pessoas.

Na primeira vez, siga uma sequência

Se esta é a primeira vez que você trabalha com este livro, sugiro que siga sequencialmente, pois cada reflexão está ligada à seguinte.

Após a primeira vez, trabalhe intuitivamente

Depois de completar todos os 28 dias, pode voltar e usá-lo intuitivamente ou da maneira que funcionar melhor para você. Você pode começar novamente a partir do dia 1 ou ir e vir, dependendo do aspecto específico da supremacia branca que está surgindo para você explorar naquele momento.

Trabalhar sozinho ou em grupo

Você pode usar este livro por conta própria ou na companhia de um grupo de pessoas também dedicadas ao trabalho. Consulte a seção Anexo, no final do livro, para obter orientações mais específicas sobre como trabalhar em grupo, em um grupo de leitura de *Eu e a supremacia branca* (p. 209).

Continue fazendo perguntas

À medida que avançar no livro, respondendo a cada solicitação da melhor maneira possível, vá mais fundo ao se fazer perguntas baseadas em "quando", "como" e "por que". Por exemplo: *Quando reajo dessa maneira? Quando esses pensamentos ou sentimentos surgem para mim? Como esse aspecto específico da supremacia branca aparece para mim? Como pensar ou me sentir assim me beneficia? Por que me sinto assim? Por que eu acredito nisso? Por que eu acho que isso é verdade? Por que eu mantenho essas crenças?* Perguntar quando, como e por que o ajudará a descer para as camadas inconscientes mais profundas de sua supremacia branca internalizada, aprofundando, assim, seu trabalho.

Autocuidado, apoio e sustentabilidade

Como este trabalho é desafiador, é importante falar um pouco sobre autocuidado, apoio e sustentabilidade.

Muitas pessoas que fizeram o desafio concomitantemente aos 28 dias no Instagram acharam este trabalho física, emocional e espiritualmente desafiador. Ao arrancar sua supremacia branca internalizada pela raiz, seu corpo, sua mente e seu espírito serão afetados. Para garantir que você seja capaz de sustentar o trabalho, priorize o autocuidado. Não estou falando de manicures e idas ao spa. Estou falando de fazer o que você precisa para se manter fundamentado em si mesmo, conectado ao seu corpo e emocionalmente bem.

Se você é a única pessoa de sua família, grupo de amigos ou comunidade que está fazendo este trabalho, a experiência pode parecer solitária. Entre em contato com outras pessoas que estão dedicadas a este exercício para que vocês possam se apoiar. Lembre-se, no entanto, de não se apoiar em pessoas não brancas (seja família, amigos ou colegas) para sustentar e ajudar você a processar o que está por vir, a menos que eles conscientemente consintam em abrir esse espaço para você. Esse tipo de apoio é uma forma de trabalho emocional muito desgastante para alguém não branco.

Emoções desafiadoras como vergonha, raiva, tristeza, fúria, apatia, ansiedade e confusão surgirão se você estiver trabalhando profundamente. Não fuja desses sentimentos. Senti-los — os sentimentos são uma resposta humana apropriada ao racismo e à opressão — é uma parte importante do processo. Quando se permite sentir, você acorda. Você se humaniza. Você começa a perceber que não estava sentindo isso antes porque havia fechado uma parte de sua humanidade para participar da supremacia branca. A supremacia branca, de propósito, entorpece você para a dor que seu racismo causa. Fazer este trabalho traz de volta os verdadeiros sentimentos dolorosos trazidos pelo racismo, física, mental, emocional e espiritualmente.

O objetivo deste trabalho não é que você acabe vivendo com vergonha. O objetivo é fazer com que você veja a verdade para poder fazer algo a respeito. Não importa como seja ruim acordar para a dor, a vergonha e a culpa do seu racismo, esses sentimentos nunca chegarão nem perto da dor que pessoas não brancas experimentam como resultado do seu racismo. Então, em vez de se paralisar ou sobrecarregar, canalize esses sentimentos em ação e mudança. Conversar com um amigo, grupo de apoio, terapeuta ou *coach* será útil para ajudá-lo a processar o que está por vir, para que você possa seguir em frente.

Audre Lorde disse que "a revolução não é um evento único". O trabalho antirracismo não é uma jornada de 28 dias. É uma prática ao longo da vida. Este livro apresenta um lugar para começar e continuar o trabalho, mas isso requer seu compromisso vitalício contra a opressão. Não é como ler um livro de crescimento pessoal, participar de um retiro espiritual ou ir a uma conferência sobre bem-estar. Não há recompensa para se sentir bem no final, a não ser o conhecimento de que você está fazendo isso porque é a coisa certa a fazer. Você não será parabenizado. Você não receberá nenhum elogio. Você não será celebrado. Você terá que aprender a se afastar do vício da gratificação instantânea para desenvolver a consciência de fazer o que é certo, mesmo que ninguém nunca lhe agradeça. Além disso, não há recompensa maior do que estar em integridade com seus valores e viver sua vida de tal maneira que torne o mundo um lugar melhor agora e para o futuro.

"Você tem certeza, querida, de que quer ficar bem?... Só tenha certeza, querida, e esteja pronta para ser curada, porque a inteireza não é questão insignificante. É um bocado de peso quando você está bem."

— TONI CADE BAMBARA, *THE SALT EATERS*

PARTE II

O trabalho

Semana 1

O BÁSICO

Nos primeiros sete dias desta jornada, mergulharemos no que considero certos aspectos básicos da supremacia branca. Você já ouviu falar de alguns deles, como privilégio branco e fragilidade branca. Outros podem ser novos para você, como o silêncio branco e a excepcionalidade branca. Onde quer que esteja em seu entendimento, convido você a encarar a página com a mente de um iniciante. Aborde o tópico de cada dia como se fosse sua primeira vez, trazendo uma intenção de curiosidade e o desejo de se aprofundar nas partes de si mesmo que você não conhece.

Dia 1

VOCÊ E O PRIVILÉGIO BRANCO

"Fui ensinada a ver o racismo apenas em atos individuais de maldade, não em sistemas invisíveis que conferem domínio ao meu grupo."

— PEGGY MCINTOSH

O QUE É PRIVILÉGIO BRANCO?

Começamos o trabalho hoje com um termo com o qual estamos mais familiarizados quando se trata de supremacia branca: privilégio branco. O privilégio branco como norma legislativa, sistêmica e cultural existe há muito tempo, mas foi a acadêmica de estudos feministas Peggy McIntosh quem cunhou o termo *privilégio branco* pela primeira vez, em seu artigo de 1988, "White Privilege and Male Privilege: A Personal Account of Coming to See Correspondences through Work in Women's Studies" ["Privilégio branco e privilégio masculino: Um relato pessoal de como encontrar correspondências no trabalho de estudos feministas"]. Um ano depois, uma parte substancial desse artigo foi extraída e publicada na forma de um novo artigo, intitulado "White Privilege: Unpacking the Invisible Knapsack" ["Privilégio branco: Abrindo a mochila invisível"]. O documento contém cinquenta exemplos de privilégio branco. McIntosh escreve:

> *Passei a ver o privilégio branco como um pacote invisível de ativos não merecidos com os quais posso contar todos os dias, mas sobre o qual eu "deveria" permanecer alheia. O privilégio branco é como uma mochila invisível e leve de provisões, garantias, ferramentas, mapas, guias, códigos secretos, passaportes, vistos, roupas, bússola, equipamento de emergência e cheques em branco.*[2]

O privilégio branco descreve as vantagens não merecidas que são concedidas devido à branquitude ou capacidade de ser lido como branco. É muito importante notar que o privilégio branco não é um conceito que faz parte da ordem natural da vida. Na ausência de supremacia branca, o privilégio branco não tem sentido.

Após avanços científicos como a conclusão do Projeto Genoma Humano em 2003, cientistas passaram a ser capazes de examinar a ancestralidade humana por meio da genética. A ciência provou que o conceito de raça não é um fato biológico, mas um conceito social. De acordo com o dr. Harold P. Freeman, que estudou biologia e raça: "Se você perguntar qual porcentagem de seus genes se reflete em sua aparência externa, a base pela qual falamos sobre raça, a resposta parece estar na faixa de 0,01%. Este é um reflexo muito, muito mínimo de sua composição genética."[3]

O que vemos como diferenças físicas observáveis entre pessoas de "raças diferentes" são, na verdade, apenas expressões genotípicas e fenotípicas diferentes em uma raça — a raça humana. Apesar de nossas diferenças na cor da pele, textura do cabelo e outras características físicas, geneticamente, você e eu somos basicamente iguais. No entanto, como a raça é uma construção social profundamente enraizada e devido à exis-

---

[2] MCINTOSH, Peggy. White Privilege and Male Privilege: A Personal Account of Coming to See Correspondences through Work in Women's Studies. **College Art**, 1988. Disponível em: <https://www.collegeart.org/pdf/diversity/white-privilege-and-male-privilege.pdf>. Acesso em: 28 jul. 2020.

[3] ANGIER, Natalie. Do Races Differ? Not Really, Genes Show. **New York Times**, Nova York, 22 ago. 2000. Disponível em: <https://www.nytimes.com/2000/08/22/science/do-races-differ-not-really-genes-show.html>. Acesso em: 28 jul. 2020.

tência da supremacia branca, você e eu não somos tratados da mesma forma. Você tem privilégio branco. Eu não. Isso faz muita diferença. A raça *é* um conceito social, mas isso não o torna imaginário quando se trata das consequências muito concretas que tem na vida de pessoas não brancas na presença de supremacia branca.

Como sabemos que o privilégio branco é verdade? Muitos acreditam que o conceito de privilégio branco é apenas uma ideia esquerdista usada para fazer com que os brancos se sintam mal consigo mesmos. São pessoas que argumentam que, no mundo de hoje, onde coisas como escravidão de pessoas negras africanas, discriminação racial no emprego e segregação escolar racial são todas ilegais, não há base para a ideia de privilégio branco. Que, embora os brancos tenham tido privilégios no passado, agora não têm mais (alguns até argumentam que são os brancos agora o grupo minoritário, oprimido e marginalizado!).

Entretanto, as mudanças jurídicas nos direitos civis, embora extremamente importantes, não alteram a construção social profundamente arraigada de que existem raças biologicamente diferentes e que uma raça é superior às outras. E, como você verá ao longo deste livro, a crença nessa construção social se desenrola no nível inconsciente, afetando pensamentos e comportamentos que têm consequências nos âmbitos pessoal e público.

Como uma jovem negra nascida no Reino Unido, soube do privilégio branco desde muito cedo. Lembro-me de que eu tinha cerca de sete anos quando minha mãe me chamou para falar sobre privilégio branco, ou melhor, sobre os privilégios que eu não tinha. Ela me disse: "Porque você é negra, porque é muçulmana e porque é uma menina, terá que se esforçar três vezes mais do que todos os que estão ao seu redor para avançar. Você tem essas três coisas trabalhando contra você."

Minha mãe não estava dizendo que minha raça, minha religião e meu gênero eram inerentemente imperfeitos; estava apontando para mim que, em uma sociedade racista e patriarcal, eu seria tratada de maneira diferente. Eu não seria recompensada da mesma forma pelo mesmo esforço. Ela queria que eu soubesse que, embora isso não fosse justo ou correto, era, infelizmente, o jeito como as coisas funcionavam (e ainda funcionam).

Eu vi essa verdade se manifestar nas escolas em que estudei, onde eu era uma das poucas crianças não brancas. Embora alguns dos meus professores da escola primária entendessem que não deviam me tratar de maneira diferente das outras crianças da minha turma, eles ainda o faziam frequentemente, não por malícia ou racismo intencional, mas por causa de seu próprio condicionamento supremacista branco que inconscientemente dizia a eles que a cor da minha pele me tornava menos valiosa do que meus colegas de classe. Embora eu fosse geralmente uma das melhores alunas da turma e uma das mais bem-comportadas, muitas vezes me sentia ignorada e deixada de lado por meus professores. Embora tenha me esforçado muito para me destacar, como minha mãe havia me ensinado, muitas vezes me senti invisível para os professores e menos incentivada do que os outros alunos (falamos mais sobre isso no dia 11: Você e a antinegritude contra crianças negras). Enquanto isso, meus colegas de classe brancos tinham inconscientemente o privilégio de serem tratados como "normais" e mais dignos do tempo, atenção e carinho dos professores.

É importante entender que o privilégio branco é separado, mas pode se cruzar com privilégio de classe, privilégio de gênero, privilégio de sexualidade, privilégio de idade, privilégio de pessoa sem deficiência ou qualquer outro tipo de privilégio. Por exemplo, uma pessoa pode ser uma mulher, mas ainda ter privilégio branco. Não ter privilégio masculino não anula o privilégio branco de alguém. Uma pessoa pode não ter privilégio econômico, mas ainda ter privilégio branco. Não ter riqueza não anula o privilégio branco. Uma pessoa pode ser gay, mas ainda ter privilégio branco. Não ter privilégio heterossexual não anula o privilégio branco. Por fim, ter privilégio branco não anula as outras identidades marginalizadas e ter privilégio branco com outras identidades privilegiadas (por exemplo, homens cisgêneros, heterossexuais, pessoas sem deficiência etc.) aumenta a quantidade total de privilégios de alguém.

COMO O PRIVILÉGIO BRANCO APARECE?

A lista de cinquenta exemplos de privilégio branco de Peggy McIntosh é um ótimo lugar para começar a ver como o privilégio branco aparece. Exemplos extraídos de seu artigo incluem:

1) *Posso, se quiser, organizar-me na companhia de pessoas da minha raça na maioria das vezes.*
7) *Quando sou informada sobre nossa herança nacional ou sobre a "civilização", mostram que pessoas da minha cor fizeram dela o que é.*
12) *Posso entrar em uma livraria e ter a certeza de que encontrarei minha raça representada em livros, posso ir a um supermercado e encontrar os alimentos básicos que se encaixam com minhas tradições culturais, posso visitar um salão de cabeleireiro e encontrar alguém que saiba lidar com meu cabelo.*
15) *Não precisei educar meus filhos a estarem conscientes do racismo sistêmico para sua própria proteção física diária.*
25) *Se um policial de trânsito me parar ou se a Receita Federal auditar minha declaração de imposto de renda, posso ter certeza de que não fui escolhida por causa da minha raça.*
36) *Se meu dia, minha semana ou meu ano está indo mal, não preciso me perguntar se cada momento ou situação negativa tem conotações raciais.*
41) *Posso ter certeza de que, se precisar de ajuda jurídica ou médica, minha raça não será um fator que me atrapalhará.*[4]

[4] MCINTOSH, Peggy. White Privilege and Male Privilege: A Personal Account of Coming to See Correspondences through Work in Women's Studies. **College Art**, 1988. Disponível em: <https://www.collegeart.org/pdf/diversity/white-privilege-and-male-privilege.pdf>. Acesso em: 28 jul. 2020.

POR QUE VOCÊ PRECISA ANALISAR O PRIVILÉGIO BRANCO?

Privilégio branco é a recompensa que as pessoas brancas e consideradas brancas recebem em troca de participar do sistema de supremacia branca — seja essa participação voluntária ou involuntária. Para desmantelar a supremacia branca, você deve entender o quanto o privilégio branco é um aspecto essencial da sua vida, como você se beneficia (consciente ou inconscientemente) de sua branquitude, o que isso significa para as pessoas que não recebem o mesmo benefício e como você pode desmontá-lo.

Você não pode desmontar o que não pode ver. Você não pode desafiar o que não entende.

As pessoas com privilégio branco geralmente não querem olhar diretamente para seus privilégios por causa do que isso traz para elas: desconforto, vergonha e frustração. No entanto, não olhar para algo não significa que esse algo não exista. Na verdade, é uma expressão do próprio privilégio branco optar por *não* olhar para ele. As pessoas não brancas que vivem na supremacia branca, por outro lado, geralmente não têm esse privilégio. Como uma pessoa com privilégio branco, você já foi informada quando criança de que sua branquitude seria usada contra você? Você soube que teria que trabalhar mais para compensar sua diferença racial? Ou a cor da sua pele nem sequer foi discutida porque não tinha nada a ver com o que você seria capaz de realizar ou como seria tratado pelo mundo? Essa é a essência do privilégio branco.

Sugestões para o diário de reflexão

1. De que maneira você tem privilégio branco? Estude a lista de Peggy McIntosh e reflita sobre sua própria vida cotidiana. Faça uma lista das diferentes maneiras pelas quais você tem privilégio branco em sua vida pessoal.

2. De que experiências negativas seu privilégio branco tem protegido você ao longo da vida?

3. Que experiências positivas seu privilégio branco lhe concedeu ao longo da vida (que pessoas não brancas geralmente não têm)?

4. De que maneira você exerceu seu privilégio branco sobre pessoas não brancas e causou danos (independentemente de você ter pretendido ou não fazer isso)?

5. O que você aprendeu sobre seu privilégio branco que te deixa desconfortável?

Dia 2

VOCÊ E A FRAGILIDADE BRANCA

"É responsabilidade das pessoas brancas ser menos frágeis; As pessoas de outras etnias não precisam se retorcer tentando passar por nós da maneira mais indolor possível."

— ROBIN DIANGELO

O QUE É A FRAGILIDADE BRANCA?

Hoje nos concentramos em um termo cunhado pela autora Robin DiAngelo. DiAngelo define fragilidade branca como "um estado no qual mesmo uma quantidade mínima de estresse racial se torna intolerável, desencadeando uma série de movimentos defensivos".[5] Só quando comecei a escrever e falar diretamente sobre raça, percebi como a fragilidade branca ocorre profundamente para a grande maioria das pessoas brancas. Em 2017, fiz um post no meu blog intitulado "I Need to Talk to Spiritual White Women about White Supremacy" ["Preciso falar com mulheres brancas espiritualizadas sobre a supremacia branca"].[6]

---

5 DIANGELO, Robin. **Não basta não ser racista, sejamos antirracistas.** Tradução de Marcos Marcionilo. Barueri: Faro Editorial, 2020.

6 SAAD, Layla F. **I Need to Talk to Spiritual White Women about White Supremacy (Part One).** Layla F. Saad, 15 ago. 2007. Disponível em: <http://laylafsaad.com/poetry-prose/white-women-white-supremacy-1>. Acesso em: 28 jul. 2020.

A publicação inesperadamente viralizou para centenas de milhares de leitores em todo o mundo, e provocou reações de fragilidade branca que iam das aparentemente bem-intencionadas ("Isso não ajuda. Você está causando uma divisão quando fala de raça") às flagrantemente cruéis ("[insira um discurso islamofóbico, antinegro e misógino aqui]"). Tantas pessoas brancas que estavam interagindo com o meu trabalho tinham tão pouca experiência falando sobre raça que *qualquer* discussão racial as levou a um colapso total.

Há dois fatores principais que contribuem para a existência de fragilidade branca.

Falta de exposição a conversas sobre racismo

O privilégio branco protege as pessoas brancas e que são socialmente lidas como brancas para que não tenham que discutir as causas e as implicações do racismo. O privilégio branco significa que a vida cotidiana de uma pessoa não é afetada pela cor da pele; portanto, as conversas sobre o racismo tendem a ser superficiais e cheias de banalidades. Pense em sua infância e juventude. Provavelmente suas conversas raciais (se houve) não tiveram muitas nuances ou complexidades. Provavelmente o racismo foi considerado binário (por exemplo, a ideia de que racistas são apenas pessoas más), em vez de explorar uma compreensão do privilégio branco e quais implicações isso teve para você e para pessoas não brancas. Essa falta de exposição a conversas sobre raça deixou você mal equipado para lidar com o desconforto das conversas raciais quando adulto, levando a uma inevitável resposta de fragilidade branca.

Falta de compreensão acerca do que realmente é a supremacia branca

Se sua compreensão do racismo e da supremacia branca não inclui uma compreensão contextual histórica e moderna de colonização, opressão, discriminação, negligência e marginalização no nível sistêmico e não apenas no nível individual, você terá dificuldades para conversar sobre raça. Você presumirá que o que está sendo criticado é sua cor da pele e sua bondade individual como pessoa, e não sua cumplicidade em um sistema de opressão projetado para beneficiar você às custas de pessoas não brancas de maneiras que você nem conhece. Essa falta de entendimento leva à fragilidade branca, fazendo com que você ataque os outros para defender seu senso individual de bondade ou abandone a conversa por sentir que, como indivíduo, está sendo humilhado por ser quem você é. Este é um impedimento perigoso ao antirracismo.

COMO A FRAGILIDADE BRANCA APARECE?

Aqui estão alguns exemplos de fragilidade branca em ação:

- Ficar bravo, defensivo ou com medo; discutir, acreditar que você está sendo humilhado, chorar ou simplesmente ficar em silêncio e optar por sair da conversa.
- Chamar as autoridades (o gerente, a polícia, os censores das mídias sociais) contra pessoas não brancas quando você se sentir desconfortável com o que estão compartilhando sobre raça. Eu tive minhas postagens nas redes sociais denunciadas e censuradas mais de uma dúzia de vezes por causa da fragilidade branca.
- Excluir o que você escreveu em uma plataforma de mídia social (outra forma de fugir e fingir que nunca aconteceu) ou sair fisicamente de uma discussão quando você não consegue lidar com o rumo de uma conversa sobre racismo.

Em essência, a fragilidade branca aparece quando uma pessoa branca assume a posição de vítima quando é de fato aquela pessoa branca que cometeu ou participou de atos de dano racial.

POR QUE VOCÊ PRECISA ANALISAR A FRAGILIDADE BRANCA?

A palavra *frágil* é muito apropriada, pois descreve uma incapacidade de reter até a menor pressão. Conversas sobre raça e supremacia branca são, por natureza, desconfortáveis. Elas vêm carregadas de eventos e experiências históricas e atuais que causaram dor, vergonha e desigualdade. A fragilidade branca impede que você tenha uma conversa sobre racismo sem desmoronar. Se você não consegue falar sobre racismo, especialmente sobre as maneiras pelas quais você foi involuntariamente cúmplice dessa estrutura, sempre irá entendê-lo de maneira superficial. Essa compreensão binária superficial é assim:

pessoas racistas = pessoas más
pessoas não racistas = pessoas boas
Eu quero ser uma boa pessoa, então não posso me associar ao racismo.

Esse desejo de ser visto como bom, por si mesmo e pelos outros, impede que você observe as maneiras pelas quais participa sem saber e faz parte da supremacia branca por causa de seu privilégio branco. Seu desejo de ser *visto* como bom pode realmente impedi-lo de *fazer* o bem, porque, se você não se vê como parte do problema, não pode fazer parte da solução.

A fragilidade branca torna você perigoso para pessoas não brancas. Quando surgem conversas sobre racismo, você entra no modo de defesa, tornando-se incapaz de realmente ouvir e entender a dor e os desafios de pessoas não brancas. O foco passa a ser defender o ego (e, de fato, o próprio privilégio branco e a supremacia branca como um todo), em vez de se abrir para uma experiência de tornar-se consciente do que o seu privilégio protegeu.

A fragilidade branca, assim, faz de você um aliado não confiável de pessoas não brancas, porque você não tem a resiliência necessária para falar sobre racismo. Quando uma pessoa não branca, seja um colega de trabalho, amigo ou parente, compartilha com você uma experiência de racismo pela qual passou, você não consegue ouvi-la. Você tenta convencê-la de que está imaginando ou exagerando a situação. Tenta afirmar que ela entendeu mal o que foi dito ou feito — que não tinha nada a ver com raça, que era outra coisa. Em vez de se permitir realmente ouvir a respeito da situação pela qual a pessoa está passando e perguntar com empatia e compaixão como você pode apoiá-la, você minimiza as experiências dela e dá a entender, ainda que não diga, que você não é uma pessoa branca confiável para se ter por perto. Por mais que você pense que convenceu a si mesmo e a essa pessoa com essas explicações, só conseguiu deixar claro seu nível de fragilidade branca em torno das conversas raciais.

Indo um passo adiante, a fragilidade branca — que é, na verdade, medo — pode rapidamente se transformar em dano ativo. Como em modo de pânico, sua fragilidade branca pode fazer com que você fuja, fique paralisado ou se torne mais agressivo, violento e prejudicial a pessoas não brancas ao revidar. Em uma conversa sobre racismo com uma mulher branca que era *coach* espiritual, ela retrucou com raiva para mim: "Bem, e a supremacia negra?" Era uma mulher que se orgulhava de ser só paz e amor, mas, sob a pressão de ser repreendida devido à supremacia branca não intencional, ela revidou. Mais tarde, ela voltou atrás e pediu desculpas, percebendo que havia falado a partir de sua fragilidade.

Sugestões para o diário de reflexão

1. Como sua fragilidade branca aparece durante as conversas sobre raça? Você luta, congela ou foge?

2. Descreva sua memória mais visceral de experimentar a fragilidade branca. Quantos anos você tinha? Onde você estava? Sobre o que era a conversa? Por que isso despertou a fragilidade branca em você? Como você se lembra de ter se sentido durante e após a interação? Como se sente em relação a ela hoje?

3. Como você usou sua fragilidade como arma contra pessoas não brancas, por exemplo, ligando para as autoridades, gritando ou alegando estar sendo prejudicado ("racismo reverso!" ou "estou sendo humilhado!" ou "estou sendo atacado!")?

4. Como você se sente ao ouvir as palavras *pessoas brancas*? Elas fazem você se sentir desconfortável?

5. Como a sua fragilidade branca impediu que você, por medo e desconforto, fizesse um trabalho significativo em torno de seu próprio antirracismo pessoal até hoje?

Dia 3

VOCÊ E O POLICIAMENTO DE TOM

"Falo por raiva direta e particular em uma conferência acadêmica, e uma mulher branca diz: 'Diga-me como você se sente, mas não faça isso de modo muito agressivo, caso contrário, não poderei ouvi-la.' Mas é meu modo de ser que a impede de ouvir, ou a ameaça de uma mensagem de que a vida dela pode mudar?"

— AUDRE LORDE

O QUE É POLICIAMENTO DE TOM?

O policiamento de tom é uma tática usada por aqueles que têm privilégio de silenciar aqueles que não o têm, concentrando-se no tom do que está sendo dito e não no conteúdo real. Pode manifestar-se como o ato de policiar o indivíduo não branco por usar um tom de voz "cheio de raiva" ao falar sobre racismo ou como o ato de elogiar outras pessoas não brancas por usarem tons considerados mais suaves, eloquentes e apaziguadores. Em ambos os casos, espera-se que a pessoa não branca atenda ao olhar branco — a lente supremacista branca através da qual as pessoas com privilégio branco veem quem é racializado — e ao nível de conforto da fragilidade branca de uma determinada pessoa ao falar sobre racismo.

Também é importante observar que o policiamento de tom não precisa ser vocalizado. Pessoas com privilégio branco costumam policiar o tom de indivíduos não brancos em pensamento ou em particular, entendendo que fazê-lo em voz alta seria considerado racista. No entanto, o que existe dentro pode causar tanto, se não mais, dano do que o que é falado. O que está dentro influencia o que sai, intencionalmente ou não.

Muito do policiamento de tom tem a ver com o ódio às pessoas negras e com estereótipos antinegritude e racistas (muitas vezes cruzados com o machismo), tópicos que abordaremos mais profundamente durante a Semana 2 deste livro. A expressão de raiva de uma pessoa branca é frequentemente vista como justa, enquanto a raiva de uma pessoa negra é vista como agressiva e perigosa. Em nenhum lugar isso é ilustrado mais claramente do que com o tratamento da estrela do tênis Serena Williams, dentro e fora da quadra. Ao longo dos anos, Williams foi comparada a um gorila, foi submetida a exames desnecessários antidoping e teve suas roupas policiadas.[7] Durante sua partida final do U.S. Open de 2018 contra Naomi Osaka, Williams foi repreendida por várias violações que confundiram a ela e às pessoas que a assistiam. Uma dessas acusações foi por "abuso verbal" depois que ela chamou o árbitro de "ladrão". Em um artigo da *Newsweek*, Crystal Fleming, professora-adjunta de Sociologia e Estudos Africanos na Stony Brook University, escreve:

> *Observar a melhor jogadora de todos os tempos ser policiada por um homem mesquinho que abusa de seu poder foi, ao mesmo tempo, triste e irritante — especialmente como mulher negra... Jogadores homens, como James Blake e John McEnroe, se posicionaram, afirmando que disseram coisas muito piores aos árbitros sem serem penalizados ou multados.*[8]

---

[7] MOHAMED, Furqan. Serena Williams: A Case Study in Misogynoir. **Teen Eye Magazine**, 17 set. 2018. Disponível em: <https://teeneye.squarespace.com/5583952be4b08f78c1dda44d/2018/9/9/serena-williams-a-case-study-in-misogynoir>. Acesso em: 3 ago. 2020.

[8] FLEMING, Crystal. Serena Williams: The Greatest Player of All Time and A Classic Case of Misogynoir. **Newsweek**, 13 set. 2018. Disponível em: <https://www.newsweek.com/serena-williams-greatest-player-all-time-and-classic-case-misogynoir-opinion-1119510>. Acesso em: 3 ago. 2020.

Esse viés implícito e explícito para o qual Fleming chama nossa atenção existe não apenas no tênis profissional, mas também em residências, escolas e instituições de ensino, empresas, espaços espirituais, na internet e em todos os espaços em que a supremacia branca existe. O policiamento de tom em todos esses lugares é o julgamento constante — ou a ameaça de julgamento — sobre a maneira como as pessoas não brancas se expressam. Como escreve Claudia Rankine, "para Serena, a diminuição diária é uma chama baixa, um gotejamento constante. Todo olhar, todo comentário, toda repressão sai da história, através dela, para você".[9]

O policiamento de tom, ou a possibilidade de seu uso implícito ou explícito, é um peso constante nas psiques de pessoas não brancas. Em uma tentativa de evitar o policiamento de tom de pessoas com privilégio branco, muitas pessoas não brancas frequente e subconscientemente policiam o próprio tom, de antemão, a fim de evitar ter que lidar com a fragilidade branca. Como escritora, muitas vezes parece que estou sendo puxada em várias direções diferentes ao tentar me expressar. Estou parecendo furiosa demais? Estou parecendo tranquila demais? Se eu usar essas palavras, elas provocarão a fragilidade branca? Teria eu a flexibilidade emocional para lidar com isso? Se eu usar essas palavras, dirão que me preferem a outras mulheres negras que praticam antirracismo porque acham que eu sou "eloquente"? Como deixo explícito que não considero isso um elogio — que considero racista contra mim e outras mulheres negras?

Muitas vezes, é um grande choque quando pessoas não brancas decidem que não vão mais se policiar, mas expressar completamente sua gama de sentimentos sobre o racismo. Pessoas com privilégio branco se perguntam com confusão e frustração "de onde vem toda essa raiva", sem notar que ela sempre esteve presente e que sua expressão é o início da autorrecuperação de alguém não branco.

---

[9] RANKINE, Claudia. **Citizen: An American Lyric**. Minneapolis: Gray Wolf Press, 2014, p. 32.

COMO O POLICIAMENTO DE TOM APARECE?

O policiamento de tom aparece quando pessoas com privilégio branco pensam ou dizem as seguintes coisas a pessoas que não detêm o privilégio branco durante conversas sobre questões raciais. Ao considerar o tópico de hoje, procure lembrar se já disse ou pensou estas coisas:

- Eu gostaria que você dissesse o que está dizendo de uma maneira mais agradável.
- Não consigo assimilar o que você está me dizendo sobre suas experiências vividas porque escuto muita raiva.
- Seu tom é muito agressivo.
- O linguajar que você está usando para falar sobre suas experiências vividas está me deixando com vergonha.
- O linguajar que você está usando para falar sobre suas experiências vividas é muito raivoso e polêmico.
- Você deve abordar as pessoas brancas de uma maneira mais civilizada, se quiser que abracemos sua causa.
- A maneira como você está falando sobre essa questão não é produtiva.
- Se você se acalmar, talvez eu queira ouvi-lo.
- Você está trazendo muita negatividade para este espaço e deve se concentrar no positivo.

Existem muitas maneiras diretas e sutis com as quais o policiamento de tom assume o controle, e isso não ocorre apenas durante conversas sobre questões raciais. O policiamento de tom também ocorre quando você julga a pessoa não branca por não estar em conformidade com as normas brancas de comunicação (por exemplo, falar alto demais, usar gírias regionais específicas ou falar de maneiras que não estão em conformidade com a suposta norma culta da língua).

POR QUE VOCÊ PRECISA ANALISAR O POLICIAMENTO DE TOM?

O policiamento de tom reforça as normas supremacistas brancas sobre como pessoas não brancas "devem" se manifestar. É uma maneira de mantê-las na linha e sem poder. Ao insistir em não acreditar ou em não dar credibilidade ou atenção a estas pessoas se a mesma não falar em um tom que lhe convenha, você defende a ideia de que seus padrões como pessoa branca são superiores. Quando você controla o tom de como uma pessoa não branca deve falar sobre suas experiências vividas com o racismo e sua existência no mundo, você reforça a ideologia da supremacia branca de que brancos sabem o que é melhor.

O policiamento de tom é uma maneira insidiosa de fazer *gaslighting* com quem é não branco. Com base na peça *Gaslight*, de 1938, na qual um homem diminui a iluminação a gás (as *gaslights*, em inglês) em sua casa e convence a esposa de que ela está imaginando a mudança, o termo *gaslighting* refere-se a uma forma de manipulação psicológica que busca plantar dúvida em uma ou mais pessoas, fazendo-as questionar sua própria memória, percepção e sanidade.[10] Lembre ou imagine, se puder, ter vivenciado um ato de violência e depois ter que falar sobre o que você viveu sem expressar emoções fortes. É um pedido claramente desumano. Ser humano é sentir. Falar sobre dor sem expressar dor é esperar que um ser humano se lembre de informações como um robô. Quando você insiste que uma pessoa não branca fale sobre suas experiências dolorosas com o racismo sem expressar dor, raiva ou pesar, você está pedindo que ela se desumanize. O policiamento de tom é, ao mesmo tempo, um pedido para que compartilhemos nossas experiências sobre o racismo

[10] SARKIS, Stephanie A. 11 Warning Signs of Gaslighting. **Psychology Today**, 22 jan. 2017. Disponível em: <https://www.psychologytoday.com/us/blog/here-there-and-everywhere/201701/11-warning-signs-gaslighting>. Acesso em: 31 jul. 2020; PORZUCKI, Nina. "Here's Where 'Gaslighting' Got Its Name". **The World**, 14 out. 2016. Disponível em: <https://www.pri.org/stories/2016-10-14/heres-where-gaslighting-got-its-name>. Acesso em: 31 jul. 2020.

sem compartilhar nenhuma de nossas emoções (reais) sobre ele e para que existamos de maneiras que não deixem os brancos desconfortáveis.

Quando você entender o modo como policia o tom alheio, será capaz de começar a mudar seu comportamento para permitir que pessoas não brancas expressem sua humanidade de forma completa.

Sugestões para o diário de reflexão

1. Como você vocalizou o policiamento de tom para silenciar, calar ou desvalorizar uma pessoa não branca? Que tipos de palavras você usou para descrever o tom que uma pessoa não branca deve usar?

2. Que ideias de policiamento de tom você cultivou dentro de si ao ouvir uma pessoa não branca falar sobre raça ou suas experiências vividas, mesmo que não as tenha dito em voz alta?

3. Como você atrapalhou conversas sobre raça, concentrando-se em *como* alguém falou com você e não *no que* essa pessoa disse? Analisando agora, por que você acha que o tom que estava sendo usado era mais importante para você do que o conteúdo da informação sendo transmitida?

4. Com que frequência você condicionou sua disposição de engajar-se no trabalho antirracista ao uso do tom "certo" das pessoas ao falarem com você?

5. Você já ignorou a dor causada pelo racismo em pessoas não brancas, pois o modo como falaram sobre isso não se encaixa na sua visão de mundo de como pessoas devem falar?

6. Você já ignorou pessoas não brancas, em geral, por causa do tom que elas usam quando falam?

Dia 4

VOCÊ E O SILÊNCIO BRANCO

"Teremos que nos arrepender nesta geração não apenas das palavras odiosas e ações das pessoas más, mas do silêncio terrível das pessoas boas."

— DR. MARTIN LUTHER KING JR.

O QUE É SILÊNCIO BRANCO?

Silêncio branco é exatamente o que parece. É quando pessoas com privilégio branco permanecem convenientemente caladas quando se trata de questões de raça e supremacia branca. Ontem falamos sobre o policiamento de tom, que é sobre como você silencia pessoas não brancas. Hoje, abordaremos o silêncio branco, que diz respeito a como você se cala sobre o racismo. Ambos os tipos de silêncio surgem da fragilidade branca — um medo de ser incapaz de falar sobre raça sem se perder. No entanto, a fragilidade branca não é a única causa do silêncio branco. O silêncio branco também é uma defesa do *status quo* da supremacia branca — uma manifestação de se apegar ao privilégio branco através da inação.

Como o dr. King ressalta na citação de abertura deste tópico, muitas vezes, é o silêncio das pessoas boas que mais dói. Durante três anos, fui melhor amiga de uma mulher branca que eu adorava. Tínhamos muito em comum: ambas éramos visionárias altamente introvertidas e criativas.

Embora ela morasse no Reino Unido e eu morasse no Catar, estávamos firmemente envolvidas na vida uma da outra. Toda semana, fazíamos ligações de duas horas para papear, nos inspirar e apoiar uma à outra em nossas jornadas. Depois de alguns anos sendo melhores amigas, decidimos criar e lançar um programa juntas. Tudo estava indo bem. Foi assim até eu ser levada a escrever e publicar "I Need to Talk to Spiritual White Women about White Supremacy" ["Preciso falar com mulheres brancas espiritualizadas sobre a supremacia branca"], minha carta aberta que viralizou. Tudo mudou.

Ela ficou em silêncio.

Eu não percebi na época, mas, em retrospecto, entendo que minhas palavras e meu trabalho devem ter desencadeado sua fragilidade branca. Aos poucos, ela retirou completamente sua presença de minha vida. Embora ela tenha visto as conversas públicas das quais eu participava na internet sobre racismo e embora tenha me visto viver muitas das coisas sobre as quais falamos neste livro, ela simplesmente renunciou à nossa amizade. Ela não falou comigo sobre o meu trabalho. Ela não me perguntou como poderia me apoiar durante aquele período difícil. Ela não falou comigo sobre o que esse trabalho estava desencadeando para ela em relação ao seu privilégio branco. Ela não disse nada. Apenas ficou em silêncio.

E o silêncio dela doeu mais do que qualquer insulto racial feito contra mim por desconhecidos, pois foi a traição de uma pessoa que me amava e me apoiava... desde que eu não falasse sobre racismo. Antes de encerrarmos nossa amizade, quando perguntei a ela em uma carta por que ela não havia tomado a atitude de me apoiar nos meses anteriores, ela respondeu que parecia que eu tinha apoio suficiente das outras mulheres negras em minha vida e ela não achava que eu precisava dela. Foi surpreendente para mim porque ela tinha me apoiado por anos, sem questionar, no que dizia respeito a outras experiências nos negócios e na vida, mas, quando se tratava de racismo, ela não sentia que podia contribuir. Consegui entender que era uma combinação trágica de fragilidade branca e silêncio branco que resultou no fim de nossa amizade.

Muitas pessoas não brancas viveram essa sensação de traição de ter o apoio de alguém em sua vida desde que o racismo não seja discutido. E se nossos amigos não podem nos apoiar, até que ponto conseguimos nos sentir seguros perto de outras pessoas com privilégio branco?

COMO O SILÊNCIO BRANCO APARECE?

Aqui estão alguns exemplos do silêncio branco em ação:

- Ficar em silêncio (ou dar desculpas/mudar de assunto/sair da sala) quando seus familiares ou amigos fazem piadas ou comentários racistas.
- Ficar em silêncio quando você vê seus colegas não brancos sendo discriminados no trabalho.
- Ficar em silêncio quando as pessoas brancas tratam integrantes birraciais ou multirraciais da família de maneiras que não tratariam os integrantes brancos.
- Ficar em silêncio ao escolher não se envolver em nenhuma conversa sobre questões raciais por causa de sua fragilidade branca.
- Ficar em silêncio ao não participar de passeatas e protestos contra o racismo.
- Ficar em silêncio quando seu líder espiritual/*coach*/mentor/autor preferido é criticado por um comportamento racista.
- Ficar em silêncio quando você testemunha outras pessoas brancas usarem privilégio branco, fragilidade branca ou policiamento de tom contra pessoas não brancas.
- Ficar em silêncio ao não compartilhar postagens de mídia social sobre raça e racismo em seus espaços por causa da maneira como isso pode afetar sua vida pessoal ou profissional, ou simplesmente repostar publicações de pessoas não brancas, sem acrescentar sua própria voz ou perspectiva.

- Ficar em silêncio sobre o seu trabalho antirracismo por medo de perder amigos e seguidores.
- Ficar em silêncio ao não responsabilizar as pessoas ao seu redor pelo comportamento racista.

POR QUE VOCÊ PRECISA ANALISAR O SILÊNCIO BRANCO?

De forma superficial, o silêncio branco parece benigno. E, se não benigno, pode-se acreditar que pelo menos seja uma postura de neutralidade, como o velho ditado: "Se você não pode dizer nada de bom, simplesmente não diga nada." No entanto, o silêncio branco é tudo, menos neutro. Pelo contrário, é um método de autoproteção e, portanto, também de proteção da dinâmica da supremacia branca. Ele protege você, a pessoa com privilégio branco, de ter que lidar com os danos da supremacia branca, e protege a supremacia branca de ser desafiada, mantendo-a firme.

Aqui está uma ideia radical que eu gostaria que você entendesse: silêncio branco é violência. Silêncio branco protege ativamente o sistema. O que diz, implicitamente, é: "Lido bem com o jeito como as coisas são, porque elas não me afetam negativamente e porque desfruto dos benefícios que recebo com o privilégio branco." Quando eu digo que o silêncio branco é violento, não estou apenas me referindo ao ato de ficar calado enquanto observo alguém fazer uma observação racista ou perpetrar um crime de ódio racista. Esses são exemplos extremos que uma pessoa não encontra necessariamente no dia a dia. Lembre que a supremacia branca não é composta apenas por atos individuais de racismo, e sim por um sistema de opressão que penetra e muitas vezes forma a base de muitos dos espaços regulares onde você passa seu tempo: escola, trabalho, espaços espirituais, espaços de saúde e bem-estar, e assim por diante. Todos esses espaços são frequentemente protegidos de atos públicos e individuais de racismo, permitindo que o racismo dissimulado e sistêmico faça parte da cultura aceita através do silêncio branco.

Aqui estão algumas coisas para pensar sobre como você usa o silêncio branco nesses espaços. Observe que estas ideias serão trazidas à tona de novo e expandidas mais profundamente no livro.

- Em escolas e instituições de ensino, estudantes, pais, educadores e administradores podem perpetuar comportamentos como policiamento de tom (implícito ou explícito), síndrome do branco salvador (no Brasil, "complexo de Princesa Isabel")*, superioridade branca e daltonismo racial de estudantes socialmente racializados.
- No trabalho, no empreendedorismo e nos espaços corporativos, funcionários e líderes podem perpetuar comportamentos como fragilidade branca, apropriação cultural, brancocentrismo e aliança ilusória.
- Nos espaços espirituais, fiéis, administradores e líderes podem perpetuar comportamentos como excepcionalidade branca, policiamento de tom e daltonismo racial.
- Nos espaços de saúde e bem-estar, profissionais, equipe médica, lideranças espirituais e professores podem perpetuar comportamentos como antinegritude, estereótipos racistas, apropriação cultural e superioridade branca.

Pense em cada um desses espaços e em outros ambientes que você frequenta. Imagine se cada um desses comportamentos sutis e dissimulados da supremacia branca não fosse recebido pelo silêncio branco, mas respondido por pessoas com privilégio branco que usam suas vozes para desafiar a cultura e exigir mudanças. Agora entenda que, independentemente de quem você seja, não importa o nível de poder, influência ou autoridade

---

* No Brasil, existe uma expressão que simboliza a síndrome do branco salvador: "Complexo de Princesa Isabel." A noção de "complexo de Princesa Isabel" remete à ideia de que pessoas negras não têm agência suficiente para se autodefenderem, precisando que alguém com privilégio branco fale por elas, as defendam e protejam. É muito comum em narrativas televisivas que personagens brancas que centralizam o enredo desempenhem a narrativa de atuação das mulheres negras. (N. da R.T.)

que você possua, sua voz é necessária. Não como um salvador branco (conceito que abordaremos na Semana 3), mas como alguém que reconhece que seu privilégio pode ser uma arma usada contra a supremacia branca. Seu silêncio é uma mensagem explícita de que você apoia a supremacia branca. As pessoas não brancas ao seu redor precisam saber como você se posiciona e se podem se sentir seguras com você nas experiências delas.

Uma observação rápida para os introvertidos: introversão não é desculpa para ficar em silêncio branco. Como alguém que tem uma pontuação muito alta na escala da introversão, entendo que nossa tendência e preferência natural é ficarmos calados e deixar que os extrovertidos ocupem o centro do palco. No entanto, quando se trata de antirracismo, apoiar-se na sua introversão como uma razão pela qual você fica em silêncio é na verdade apenas uma desculpa para permanecer na sua zona de conforto. Você pode ser introvertido e ter conversas intensas. Você pode ser introvertido e usar a escrita para interromper a supremacia branca. Você pode ser introvertido e ir a protestos. Você não precisa ser a voz mais alta, mas você precisa usar sua voz.

Sugestões para o diário de reflexão

1. Como você já se manteve calado no que diz respeito a raça e racismo?
2. Em que tipos de situações você mais demonstra seu silêncio branco?
3. Como o seu silêncio permitiu que o comportamento racista continuasse?
4. Como você se beneficia com o silêncio branco?
5. A quem em sua vida você prejudica com seu silêncio branco?

Dia 5

VOCÊ E A SUPERIORIDADE BRANCA

"Quando fui honesta comigo mesma, tive que admitir o fato de eu ter aceitado o mito da superioridade branca, de modo silencioso e particular, explicando internamente o padrão de domínio branco observado como uma consequência natural da inteligência e da habilidade brancas biologicamente superiores."

— DEBBY IRVING

O QUE É SUPERIORIDADE BRANCA?

O dicionário Aulete define "superior" como "que está colocado mais alto, situado acima de outro(s)" e também "que ultrapassa outro em qualidade, quantidade etc.".[11]

A superioridade branca decorre diretamente da crença da supremacia branca de que pessoas com pele branca ou que são lidas como brancas são melhores e, portanto, merecem dominar as pessoas com pele escura ou retinta. As manifestações mais extremas disso são a Ku Klux Klan, os

[11] SUPERIOR. In: DICIONÁRIO Caldas Aulete. Rio de Janeiro: Lexikon. Disponível em: <http://www.aulete.com.br/superior>. Acesso em: 4 ago. 2020.

neonazistas e a ideologia por trás do nacionalismo de direita. Enquanto escrevia este livro, recebi um e-mail de ódio de um homem branco com o assunto "Preta de M****", que ilustrava perfeitamente a expressão mais vil dessa ideia de superioridade branca. A mensagem era esta (alerta de gatilho para leitores negros: trata-se de um e-mail extremamente racista e antinegro):

> *Os descontentes sarracenos marxistas pretos, como você, são a razão pela qual teremos de demonstrar a verdade sagrada e eterna da supremacia branca de uma maneira que será gravada para sempre em seu subconsciente selvagem. Você tem alguma ideia de qual tribo de macacos vieram seus ancestrais escravos? Você tem alguma noção de que língua primitiva eles falavam ou que demônios obscuros e sub-humanos eles adoravam? Não, porque tiramos essa sujeira de vocês e a destruímos no pó ao qual ela pertence. Imagine o que vamos tirar de vocês desta vez. Quando chegar a hora, quando a bota estiver no seu pescoço, você saberá o porquê. Entenda que você aproxima este dia ainda mais com seu discurso de ódio. Só queríamos cortar nossa grama. Mas não vamos esperar enquanto vocês se preparam para nos engolir como fizeram na Rodésia, no Congo, em Angola etc. Prepare-se, sua puta arrogante preta imunda.*

Esse e-mail é violento, mas também obviamente ridículo. A maioria das pessoas brancas progressistas não anda por aí nutrindo pensamentos conscientes como esse. Esses são os tipos de palavras que refletem a manifestação mais extrema da ideologia supremacista branca. No entanto, apesar de ser extremo, versões limitadas dessa ideologia existem em níveis mais inconscientes para pessoas brancas progressistas e pacifistas que afirmam que somos todos uma raça. Você não precisa concordar com essa ideologia extrema para nutrir pensamentos de superioridade branca. Você não precisa defender as manifestações mais extremas de superioridade branca para causar danos a pessoas não brancas e continuar a defender o sistema de supremacia branca. Se olharmos para este e-mail no contexto do tópico de hoje, podemos extrair ideologias que, embora expressadas de maneiras desprezíveis por esse homem, também são expressas como normas culturais e crenças inconscientes até mesmo pela pessoa mais moderada com privilégio branco. Por exemplo:

- Palavras como *selvagem, macaco* e *primitivo* são algumas das que levaram à síndrome do branco salvador histórica e moderna, o mito dos negros africanos pobres que precisam ser salvos pelos brancos civilizados.
- Termos como *discurso de ódio* a respeito do meu trabalho antirracismo foram usados contra mim por algumas das pessoas brancas mais progressistas e espiritualizadas que já encontrei, incluindo professores de ioga, *coaches* e mentores espirituais.
- E a frase sobre os "demônios obscuros e sub-humanos" que meus ancestrais supostamente adoravam não é muito diferente da islamofobia moderna enfrentada por muitos muçulmanos como eu ou a perseguição religiosa institucionalizada dos povos indígenas americanos, que tirou deles sua liberdade de culto de acordo com seus ritos religiosos, costumes e cerimônias tradicionais.

Esse e-mail é extremo, mas é uma manifestação extrema de um paradigma dominante de supremacia branca amplamente adotado e firmemente plantado.

As sementes da ideia de superioridade branca são plantadas desde muito cedo, e em nenhum lugar isso é ilustrado mais claramente do que nos testes com bonecas. Na década de 1940, a equipe formada pelo casal de psicólogos afro-americanos dr. Kenneth Clark e dra. Mamie Clark realizou uma série de experiências para estudar os efeitos psicológicos da segregação em crianças afro-americanas.[12] Coloquialmente chamados de "testes de

---

12 LDF. LDF Celebrates the 60th Anniversary of Brown v. Board of Education: The Significance of "The Doll Test". **NAACP Legal Defense and Education Fund**. Disponível em: <https://www.naacpldf.org/ldf-celebrates-60th-anniversary-brown-v-board-education/significance-doll-test>. Acesso em: 2 jun. 2019.

bonecas", os médicos reuniram crianças afro-americanas entre três e sete anos de idade e lhes apresentaram quatro bonecas idênticas, exceto pela cor da pele: duas negras e duas brancas. Pediram para as crianças identificarem as raças das bonecas e escolherem qual a cor que preferiam. A maioria das crianças preferia a boneca branca, atribuindo-lhe traços mais positivos do que à boneca negra. A conclusão da experiência foi que "preconceito, discriminação e segregação" criaram um sentimento de inferioridade entre as crianças afro-americanas e prejudicaram sua autoestima.

Enquanto os testes da década de 1940 mostraram como o sentimento de inferioridade se desenvolveu em crianças negras por causa da supremacia branca, foram os testes de bonecas atualizados em 2010 encomendados pela CNN que ilustraram como a superioridade branca se desenvolveu em crianças brancas por causa da supremacia branca.[13] A psicóloga infantil e professora universitária renomada dra. Margaret Beale Spencer foi contratada como consultora pela CNN para recriar os testes de bonecas para a era moderna. Desta vez, no entanto, crianças brancas foram testadas, assim como crianças negras. Os testes mostraram que crianças brancas tendiam a identificar a cor de sua própria pele com atributos mais positivos e aquelas com peles mais escuras com atributos mais negativos. Os pesquisadores chamaram esse fenômeno de "viés branco". Os testes mostraram que as crianças negras eram muito menos propensas a responder com viés branco.

A dra. Spencer concluiu: "Todas as crianças, por um lado, são expostas aos estereótipos. O que é realmente significativo aqui é que as crianças brancas estão aprendendo ou mantendo esses estereótipos muito mais fortemente do que as crianças afro-americanas."

A ideia de que a branquitude "ultrapassa outro em qualidade, quantidade etc." começa antes que você esteja consciente disso. Por não estar ciente disso, ela é amplamente incontestada e se torna uma verdade interna profundamente enraizada, mesmo que não tenha sido escolhida

---

[13] CNN. Study: White and Black Children Biased Toward Lighter Skin. **CNN**, 14 mai. 2010. Disponível em: <https://edition.cnn.com/2010/US/05/13/doll.study/index.html>. Acesso em: 5 ago. 2020.

intencionalmente. Não é de surpreender que em todo o mundo de hoje, mesmo no Oriente Médio, onde eu moro, seja muito mais fácil encontrar bonecas brancas do que bonecas negras em lojas de brinquedos. Bonecas brancas, como pessoas brancas, são vistas como a norma — superiores em todos os aspectos às bonecas negras e não brancas em geral, assim como às pessoas não brancas em si.

COMO A SUPERIORIDADE BRANCA APARECE?

Aqui estão alguns exemplos de superioridade branca em ação:

- Policiar o tom de pessoas não brancas, conforme descrito no material do dia 3.
- Aceitar e propagar os padrões europeus de beleza (por exemplo, tom de pele mais claro, cabelos mais lisos). Os testes com bonecas ilustraram isso de maneiras terríveis, mas o mesmo acontece com a atual falta de representação de mulheres de pele retinta e cabelos crespos no cinema, na TV e na mídia.
- Acreditar que gírias regionais são linguagem de "gueto" e pensar que a maneira correta de falar é a maneira como você e outras pessoas brancas falam.
- Comprar mais produtos de comerciantes brancos e contratar mais prestadores de serviços brancos, intencionalmente ou não.
- Ler mais livros de autores brancos.
- Ouvir e apoiar mais líderes brancos, sejam eles políticos ou não políticos.
- Passear mais no lado "branco" da cidade.
- Somente compartilhar o trabalho e as palavras de pessoas não brancas se você achar que isso não ofenderá ou incomodará as outras pessoas brancas em suas comunidades.
- Manter a expectativa de que pessoas não brancas devem "atendê-lo", fornecendo trabalho emocional gratuito a respeito do racismo.

- Acreditar, de maneira sutil ou aberta, que você é mais inteligente, mais importante, mais capaz, mais sábio, mais sofisticado, mais bonito, mais articulado, mais espiritual etc. do que pessoas não brancas.

POR QUE VOCÊ PRECISA ANALISAR A SUPERIORIDADE BRANCA?

Porque a ideia de sua superioridade é o próprio fundamento da supremacia branca. Você continua a perpetuar a supremacia branca conforme acredita na sua própria superioridade e na de outras pessoas brancas sobre quem é não branco. Mais uma vez, é importante enfatizar que essa crença não é necessariamente uma escolha consciente. É um aspecto profundamente oculto e inconsciente da supremacia branca do qual quase nunca se fala, mas é praticado no dia a dia sem que percebamos.

A realidade é que você tem sido condicionado desde criança a acreditar na superioridade dos brancos pelo modo como sua história foi ensinada, pelo modo como a raça era discutida e pelo modo como os estudantes não brancos eram tratados de maneira diferente de você. Você foi educado por instituições que ensinaram superioridade branca por meio de currículos que favorecem uma narrativa com viés branco, pela falta de representação de pessoas não brancas e pela maneira como essas instituições lidavam com atos de racismo. Você foi condicionado pela mídia, que continua a reforçar a superioridade branca através da representação constante de celebridades e líderes que se parecem com você, através da apropriação cultural da moda, do idioma e dos costumes das pessoas não brancas e da narrativa do salvador branco. E você provavelmente trabalha em setores que defendem a superioridade branca por falta de representação de pessoas não brancas nos níveis de liderança, por meio de políticas de inclusão e diversidade relacionadas à aliança ilusória e por políticas de RH (implícitas e explícitas) que policiam o tom e marginalizam os funcionários não brancos.

Você precisa analisar a superioridade branca para poder começar a desvendá-la dentro de si e desmontá-la nos espaços ao seu redor.

Sugestão para o diário de reflexão

1. Pense em sua vida, desde a infância até onde você está agora. De que maneiras você, consciente ou inconscientemente, acreditou que é melhor que pessoas não brancas?

Não se esconda. Este é o ponto crucial da supremacia branca. Enfrente-o.

Dia 6

VOCÊ E A EXCEPCIONALIDADE BRANCA

"Os brancos querem desesperadamente acreditar que apenas os membros solitários e isolados de clubes 'apenas para brancos' são racistas. É por isso que a palavra *racista* ofende 'brancos bonzinhos' tão profundamente. Desafia sua autoidentificação como boas pessoas. Infelizmente, a maioria das pessoas brancas está mais preocupada com o fato de serem chamadas de 'racistas' do que com a possibilidade de suas ações serem racistas ou prejudiciais."

— AUSTIN CHANNING BROWN

O QUE É EXCEPCIONALIDADE BRANCA?

A excepcionalidade branca é a crença de que você, que detém o privilégio branco, está isento dos efeitos, benefícios e condicionamentos da supremacia branca e, portanto, que o trabalho de antirracismo não se aplica realmente a você. Passei a ver a excepcionalidade branca como uma faca de dois gumes que, por um lado, protege as pessoas com privilégio branco de terem que se dedicar ao trabalho antirracista com a crença de que "eu não sou racista, eu sou um dos bons", e, por outro lado, atira flechas em pessoas não brancas, esperando que elas carreguem o fardo de desmantelar a supremacia branca sob a crença de que o racismo é um problema negro e racializado, e não um problema branco.

Não são os nacionalistas de direita e os racistas abertamente orgulhosos que carregam o senso de excepcionalidade branca. Eles costumam expôr suas verdadeiras crenças para todos. Eles são inequívocos sobre quem são, o que representam e a quem veem como ameaça. Na verdade, são os brancos progressistas que acreditam que suas ideologias os separam do racismo da extrema-direita. As pessoas com privilégio branco que acreditam não serem um impedimento ao antirracismo são aquelas que carregam a excepcionalidade branca como um distintivo de honra.

"Eles não podem se referir a mim. Eu votei no Obama. Eu tenho amigos negros. Eu já me relacionei com pessoas não brancas. Meus filhos brincam com crianças não brancas. Eu nem vejo cor! Quando falam sobre racismo e supremacia branca, devem estar falando sobre outros tipos de pessoas brancas. Eu não. Eu sou do time dos bonzinhos."

Soa familiar? Nenhuma dessas coisas que você declarou com confiança como prova de que não é racista apaga a realidade. Você foi condicionado a uma ideologia supremacista branca, quer tenha percebido ou não. Você recebe vantagens não merecidas, denominadas privilégio branco, independentemente de ter escolhido ou não. Enquanto experimenta dificuldades e opressão em sua vida por outras identidades e experiências, você não vivencia essas coisas por causa da cor da sua pele. E seus atos individuais de votar em um candidato negro ou de manter um relacionamento com uma pessoa não branca não apagam nada disso.

COMO A EXCEPCIONALIDADE BRANCA APARECE?

Alguns exemplos de excepcionalidade branca em ação:

- A excepcionalidade branca apareceu toda vez que você viu uma das perguntas para o diário de reflexão e pensou "Eu não faço isso", ou "Isso não se aplica a mim. Eu nunca pensei ou nunca pensaria isso".

- A excepcionalidade branca é o que faz você se convencer de que não precisa fazer o trabalho *tanto assim*. Você está fazendo isso porque é uma coisa louvável, mas não precisa se aprofundar tanto quanto lhe pedem.
- A excepcionalidade branca é a pequena voz que faz você se convencer de que pode ler este livro, mas não precisa se esforçar. Ela diz que você tem uma compreensão intelectual dos conceitos apresentados aqui, portanto não precisa escrever diligentemente suas respostas às perguntas: você pode apenas pensar sobre isso em silêncio e basta.
- A excepcionalidade branca é a crença de que, porque você leu livros e artigos sobre antirracismo, ouviu podcasts sobre justiça social, assistiu a documentários sobre os efeitos do racismo e seguiu alguns ativistas e professores não brancos, você sabe tudo e não precisa se aprofundar mais.
- A excepcionalidade branca é a ideia de que você é de alguma forma especial, isento, acima disso, além disso, que transcendeu essa coisa chamada supremacia branca. Essa tal de supremacia branca é o que aquelas outras pessoas brancas fazem, mas você, não. Anda de mãos dadas com a superioridade branca e a crença de que você já realizou algum trabalho antirracismo, já demonstrou que é um aliado e, portanto, não precisa continuar se esforçando e fazendo o trabalho.
- A excepcionalidade branca é a resposta magoada do "mas nem todo branco!" quando uma pessoa não branca fala sobre o comportamento das pessoas brancas.

POR QUE VOCÊ PRECISA ANALISAR A EXCEPCIONALIDADE BRANCA?

A excepcionalidade branca é particularmente desenfreada nas pessoas brancas progressistas, liberais e espirituais, porque há uma crença de que, sendo essas coisas, você está isento ou acima de tudo. Você não está. Essa crença o torna perigoso para pessoas não brancas, porque você não pode ver a própria cumplicidade e não escutará quando estiver sendo refletido de volta para você. Em sua "Letter from a Birmingham Jail" ["Carta da prisão de Birmingham"], o dr. Martin Luther King Jr. ilustrou os perigos da excepcionalidade branca, frequentemente encontrados no grupo de pessoas que ele descreveu como "brancos moderados":

> *Primeiro, devo confessar que, nos últimos anos, fiquei profundamente decepcionado com o branco moderado. Quase cheguei à conclusão lamentável de que o grande obstáculo do negro em sua caminhada em direção à liberdade não é o membro do White Citizen's Council* [Rede estadunidense de organizações supremacistas brancas] *ou da Ku Klux Klan, mas o branco moderado, que é mais dedicado à "ordem" do que à justiça; que prefere uma paz negativa, que é a ausência de tensão, a uma paz positiva, que é a presença da justiça; que constantemente diz: "Eu concordo com você no objetivo que procura, mas não posso concordar com seus métodos de ação direta"; que defende a crença paternalista de que pode definir o cronograma para a liberdade de outro homem; que vive de acordo com um conceito mítico de tempo e que constantemente aconselha o negro a esperar por uma "época mais conveniente". O entendimento superficial de pessoas de boa vontade é mais frustrante do que o mal-entendido absoluto de pessoas de má vontade. A aceitação morna é muito mais desconcertante do que a rejeição direta.*[14]

[14] LUTHER KING JR., Dr. Martin. **Letter from a Birmingham Jail**, 16 abr. 1963. Disponível em: <https://kinginstitute.stanford.edu/king-papers/documents/letter-birmingham-jail>. Acesso em: 5 ago. 2020.

Aqui está a lição no cerne do tópico de hoje: se você acreditar que é excepcional, não fará o trabalho. Se você não fizer o trabalho, continuará causando danos, mesmo que não seja sua intenção. Você não é uma pessoa branca excepcional, o que significa que não está isento do condicionamento da supremacia branca, dos benefícios do privilégio branco e da responsabilidade de continuar fazendo esse trabalho pelo resto da vida. O momento em que você começa a pensar que é excepcional é o momento em que começa a relaxar e volta ao conforto acolhedor e familiar da supremacia branca.

Em seu ensaio "Racism — A White Issue" ["Racismo — Uma questão branca"], publicado na antologia feminista *All the Women Are White, All the Blacks Are Men, But Some of Us Are Brave* [*Todas as mulheres são brancas, todos os negros são homens, mas algumas de nós são corajosas*], Ellen Pence, uma ativista branca, escreve sobre perceber sua própria excepcionalidade branca. Criada por um pai que era abertamente racista e que pregava a superioridade natural dos brancos, ela acreditava que, por não compartilhar dessa ideologia, era "boazinha". No ensaio, ela escreve sobre participar de protestos, enviar para Martin Luther King Jr. o dinheiro que recebia trabalhando como babá e se confessar com um padre negro em sua paróquia de maioria branca — tomando isso como sinais de que ela não tinha a mesma ideologia racista de seu pai. No entanto, à medida que se envolvia com a organização próxima no programa para apoio a mulheres agredidas, ela começou a expressar um pouco de sua própria excepcionalidade branca. Ela escreve: "Vi pessoas negras e indígenas acusarem mulheres brancas feministas de racismo. Certamente, não se referiam a mim... Eu também era oprimida pelo homem branco. Então, quando ouvia mulheres não brancas falando de privilégio branco, inseria mentalmente a palavra 'homem': 'privilégios de homens brancos'."[15]

Você já fez isso? Você acredita fervorosa ou inconscientemente que suas ações antirracismo e/ou suas outras identidades marginalizadas

---

[15] PENCE, Ellen. Racism — A White Issue. In: HULL, Akasha (Gloria T.); SCOTT, Patricia Bell; SMITH, Barbara (Org.). **All the Women Are White, All the Blacks Are Men, But Some of Us Are Brave**. Nova York: The Feminist Press, 1982.

significam que você é a exceção no que diz respeito a privilégio branco e supremacia branca?

Sugestões para o diário de reflexão

1. De que maneiras você acredita que é excepcional, isento, "um dos bonzinhos" ou acima do condicionamento da supremacia branca?

2. De que maneiras você agiu com um senso de excepcionalidade branca nas conversas sobre questões raciais com pessoas não brancas? (Por exemplo, quando alertado sobre comportamento racista não intencional, você tentou explicar ou demonstrar que é "um dos bonzinhos"?)

3. Releia o trecho da carta de Martin Luther King Jr. e pense nos tópicos que abordamos até agora neste livro. Como sua excepcionalidade branca impediu que você fosse aliado de pessoas não brancas?

4. Pense em sua infância. Como a sociedade (pais, escolas, mídia) ensinou excepcionalidade branca a você?

5. Se você é pai ou mãe, de que maneira está ensinando excepcionalidade branca aos seus filhos?

Dia 7

REVISÃO DA SEMANA 1

Se você chegou até aqui no desafio, vai começar a notar um padrão. Todos esses temas se entrelaçam, se misturam e se interconectam. Essa é a teia pegajosa da supremacia branca. Não é apenas o binário entre você *ser* racista ou *não ser*. Pelo contrário, são comportamentos e crenças de várias camadas que compõem uma visão de mundo supremacista branca. Suas crenças internalizadas sobre o racismo são parte integrante de sua visão do mundo e de si mesmo. As questões propostas para o diário de reflexão neste livro estão ajudando você a se conscientizar disso.

No dia 7, não tiramos um dia de folga, porque pessoas não brancas não tiram folga da (sua) supremacia branca, mas refletimos. Muito foi trazido à tona nos últimos seis dias, e é importante recuar, fazer um balanço do que você aprendeu até agora e integrar para poder continuar.

Se você tem sido honesto consigo mesmo e se aprofundou em cada pergunta reflexiva do diário, muitas coisas das quais você não estava consciente e sobre as quais está refletindo agora devem ter vindo à tona.

Neste dia de reflexão, quero lembrá-lo de que não estamos procurando o final feliz, o momento inspirador, nem o belo arco-íris no final de todo o aprendizado. Também não estamos à procura de confissões dramáticas de culpa ou de ficar tão paralisados de vergonha que não conseguimos avançar. O objetivo deste trabalho não é a aversão a si próprio. O objetivo deste trabalho é a verdade — vê-la, adotá-la e descobrir o que fazer com ela. Este é um trabalho para a vida. Evite os atalhos e tenha cuidado com as respostas fáceis. Evite cair na fragilidade branca.

Pergunte a si mesmo quando achar que finalmente descobriu — sempre existem camadas mais profundas, e você continuará a refletir ainda mais à medida que prosseguir com este trabalho.

Vamos separar um momento para entrar, recordar e encontrar os padrões por trás de tudo o que você aprendeu até agora sobre como perpetuar a supremacia branca. Então reflita. Deixe esses entendimentos trabalharem em você e através de você.

Sugestão para o diário de reflexão

1. O que você começou a ver e entender sobre sua cumplicidade pessoal na supremacia branca que você não era capaz de ver ou entender antes de começar este trabalho?

Semana 2

ANTINEGRITUDE, ESTEREÓTIPOS RACIAIS E APROPRIAÇÃO CULTURAL

Na Semana 2, analisamos daltonismo racial, antinegritude e estereótipos racistas.

Durante o desafio original do Instagram #MeAndWhiteSupremacy incluí um aviso de conteúdo para esta semana, pedindo aos participantes para não compartilharem seus escritos para esses dias específicos em suas páginas de mídia social, a fim de evitar gatilhos para pessoas não brancas em suas comunidades. Nos próximos sete dias, vamos além do básico, para chegar ao centro do que é tradicionalmente considerado racismo. Estamos passando dos benefícios e comportamentos da branquitude e de uma compreensão mais intelectual da supremacia branca à maneira como é o racismo contra pessoas não brancas na prática. Isso trará desconforto, mas seu desconforto será pequeno em comparação com a dor sentida por alguém não branco ao ouvir você "confessar" esses pensamentos, crenças e ações. É importante que *você* traga esses pensamentos, crenças e ações à sua consciência, para ter uma compreensão real de como perpetua a supremacia branca, mas pessoas não brancas não precisam ouvir essas confissões. Eles provavelmente já estão cientes delas (já que sempre as ouviram), e entrar em contato com elas novamente pode causar dor emocional indevida. Por favor, seja o mais honesto possível durante esta semana do trabalho e guarde o que você escreve para si mesmo ou compartilhe apenas com outras pessoas com privilégio branco.

Por fim, se você é uma pessoa birracial, multirracial ou lida como branca, saiba que esta semana é particularmente pesada. Você provavelmente se sentirá dividido durante esta semana — por um lado, percebendo que seu privilégio branco significa que você está do lado do opressor e, por outro lado, percebendo que sua identidade racial significa que você está do lado dos oprimidos. Durante esta semana, recomendo muito que você seja gentil consigo mesmo enquanto tenta passar por essas perguntas complicadas sem se esconder de suas implicações. E sugiro que compartilhe seus pensamentos e experiências com outras pessoas como você, birraciais, multirraciais ou lidas como brancas, envolvidas neste trabalho, que possam entender e simpatizar melhor com o que esta semana lhe trará.

Dia 8

VOCÊ E O DALTONISMO RACIAL

"Os brancos pensam que é um elogio quando não somos 'vistos' como pessoas negras."

— MORGAN JERKINS

O QUE É DALTONISMO RACIAL?

O daltonismo racial é a ideia de que você não "vê" a cor. Que você não percebe diferenças de raça. Ou, se percebe, não trata as pessoas de maneira diferente nem as oprime com base nessas diferenças.

Quando criança, eu nunca conseguia entender por que os pais brancos calavam os filhos sempre que eles usavam a palavra *preto* para descrever uma pessoa negra*. "Não diga isso! É grosseiro!", eles diziam

* O idioma é também uma forma de manutenção da supremacia branca a partir da dimensão da colonialidade. Há um processo de desconstrução linguística a respeito de temas Black, no contexto anglófono, e negro/preto, no contexto lusófono. No contexto anglófono, o termo "Black", com maiúscula, enuncia uma identidade política autodefinida. No contexto lusófono, o termo "negro" tem contornos mais complexos. No Brasil, por exemplo, o termo passou por uma ressignificação política, assim como o termo "preto", que vem sendo mobilizado como identidade política por parte dos atores dos movimentos sociais negros no contexto brasileiro contemporâneo. Já a lusofonia portuguesa mantém a origem racial da palavra *nigger*, que origina o termo negro e demarca uma relação de subordinação entre a Europa e a África. Ver: KILOMBA, Grada. **Memórias da plantação: Episódios de racismo cotidiano**. Tradução de Jess Oliveira. Cobogó, 2019. (N. da R.T.)

em voz baixa, envergonhados porque o filho disse algo aparentemente ofensivo. Mas o que tornava essa palavra ofensiva? Eu *era* preta. Esta era uma observação da diferença, não um julgamento depreciativo. Como eles deveriam se referir a mim? Esses pais às vezes davam um passo adiante dizendo coisas como: "Eles não são pretos. Eles são apenas pessoas." O que isso significava? E por que era tão importante para eles não dizerem a palavra *preto*? Muitas vezes me fazia me questionar: preto era sinônimo de ruim? A cor da minha pele era um motivo de vergonha? E, se sim, esperavam que eu agisse como se não fosse preta para deixar as pessoas brancas mais confortáveis ao meu redor?

As crianças pequenas entendem que a ideia de "não vemos cor" não faz sentido. Elas não usarão necessariamente os mesmos termos de raça socialmente construídos que nós, adultos, como *preto* ou *branco*, mas, quando têm que descrever de que cor elas são e de que cor seus amigos são, usam palavras descritivas como *marrom*. Ao fazer um desenho de si mesmos e de um amigo de cor diferente, elas escolherão as cores que mais correspondem àquelas da pele que veem. Então, por que ensinamos as crianças a não ver cores? Mais especificamente, por que essa ideia é ensinada com mais frequência às crianças brancas e com privilégio branco?

Quando eu faço essas perguntas a pessoas brancas, apontando que elas veem cores, sim, elas frequentemente respondem: "Não estou dizendo que literalmente não vejo cores. O que quero dizer é que trato todas as pessoas da mesma forma, independentemente de sua cor. Quero dizer que acredito que todas as pessoas devem ser tratadas da mesma forma, não importa de que cor sejam." Às vezes, acrescentam: "Falar sobre diferentes raças acaba causando uma divisão — cria o racismo! Se parássemos de falar sobre brancos e negros e focássemos no que as pessoas têm no coração, não veríamos mais o racismo." E aqui jazem as falsas promessas do daltonismo racial.

A promessa da Igreja do Daltonismo é que, se pararmos de ver a raça, o racismo desaparecerá. Que o racismo desaparecerá não através do despertar da consciência dos privilégios e dos danos raciais, de mudanças sistêmicas e institucionais, da abordagem de desequilíbrios no poder, de reparações nos danos históricos e atuais, mas simplesmente agindo como se a construção social da raça não tivesse consequências reais — tanto para quem tem privilégio branco quanto para quem não tem. A crença é que, se você agir como se não visse cores, não fará nada racista nem se beneficiará do racismo. E, se ensinar seus filhos a também não verem raça, poderá criar uma nova geração de pessoas que não farão nada racista nem se beneficiarão do racismo. Infelizmente, não é assim que a supremacia branca funciona. O problema não desaparece porque você se recusa a vê-lo. Esse tipo de pensamento é ingênuo na melhor das hipóteses e perigoso na pior. Em seu livro *Racism without Racists: Color--Blind Racism and the Persistence of Racial Inequality in America* [*Racismo sem racistas: racismo daltônico e a persistência da desigualdade racial nos Estados Unidos contemporâneos*], o autor, sociólogo político e professor de Sociologia porto-riquenho Eduardo Bonilla-Silva escreve sobre o fenômeno do racismo daltônico ou o que ele chama de "o novo racismo". No capítulo de abertura de seu livro, ele escreve:

> *Atualmente, exceto por membros de organizações supremacistas brancas, poucos brancos nos Estados Unidos afirmam ser "racistas". Muitos brancos afirmam que "não veem cor, apenas pessoas"; que, embora a face feia da discriminação ainda esteja conosco, não é mais o fator central que determina as oportunidades de vida das minorias; e, finalmente, que, como o dr. Martin Luther King Jr., eles aspiram a viver em uma sociedade onde "as pessoas são julgadas pelo conteúdo de seu caráter, não pela cor de sua pele".*[16]

Parece uma perspectiva admirável, não é? O problema é que a filosofia do daltonismo racial não responde suficientemente à pergunta de por que, se não há racistas, o racismo continua a existir. Se os brancos não

[16] BONILLA-SILVA, Eduardo. **Racism Without Racists: Color-Blind Racism and the Persistence of Racial Inequality in Contemporary America**. 3. ed. Lanham: Rowman & Littlefield, 2010, p. 1.

veem cores, por que pessoas não brancas continuam a sofrer opressão? Segundo os defensores do daltonismo racial, isso não é culpa das pessoas brancas. Bonilla-Silva continua explicando:

> *De forma ainda mais marcante, a maioria dos brancos insiste que as minorias (especialmente os negros) são os responsáveis por qualquer "problema racial" que tenhamos neste país. Eles denunciam publicamente os negros por "usar a carteirinha da raça" para exigir a manutenção de programas desnecessários e divisórios baseados em raça, como ações afirmativas, e por gritar "racismo" sempre que são criticados por brancos. A maioria dos brancos acredita que, se os negros e outras minorias parassem de pensar no passado, trabalhassem muito e reclamassem menos (particularmente sobre discriminação racial), então os americanos de todos os tons poderiam "se dar bem".*[17]

Quando se trata de daltonismo racial, o que começa como um objetivo aparentemente nobre (erradicar o racismo, indo além da ideia de raça) rapidamente se revela um truque de mágica feito para absolver as pessoas com privilégio branco de terem que assumir sua cumplicidade na defesa da supremacia branca. Hoje, observe como o daltonismo transfere o ônus de abordar as consequências do racismo para pessoas não brancas, pedindo que parem de falar sobre racismo e apenas trabalhem mais e se pareçam mais com os brancos. O daltonismo racial é uma maneira particularmente insidiosa para as pessoas com privilégio branco fingirem que seu privilégio é fictício.

COMO O DALTONISMO RACIAL APARECE?

Algumas declarações comuns associadas ao daltonismo racial:

---

[17] BONILLA-SILVA, Eduardo. **Racism Without Racists: Color-Blind Racism and the Persistence of Racial Inequality in Contemporary America**. 3. ed. Lanham: Rowman & Littlefield, 2010, p. 1.

- Não vejo cor. Eu só vejo pessoas.
- Eu nem te vejo como negro!
- Não me importo se uma pessoa é preta, branca, verde, amarela, roxa ou azul!
- Ele/ela é uma pessoa de cor (quando se refere a uma pessoa negra, porque dizer *negro* faz o enunciador se sentir desconfortável).
- Eu não sei. Eu não acho que isso aconteceu porque você é negra. Já vivi algo assim antes e sou branca (em resposta a uma pessoa negra que compartilha sua experiência vivida de racismo).
- Falar sobre as raças causa racismo/divisão racial.
- Políticas de ações afirmativas são racistas.*

POR QUE VOCÊ PRECISA ANALISAR O DALTONISMO RACIAL?

O daltonismo racial causa danos em vários níveis. Em um primeiro momento, é um ato de minimização e apagamento. Ao dizer "eu não vejo cor" para uma pessoa não branca, você está dizendo: "Quem você é não importa, e eu não vejo quem você é. Estou optando por minimizar e apagar o impacto de sua cor de pele, seu padrão de cabelo, seu sotaque ou outras línguas, suas práticas culturais e suas tradições espirituais como pessoa não branca existente dentro da supremacia branca."

Na segunda etapa, o daltonismo racial é um ato de *gaslighting*. É uma maneira cruel de fazer pessoas não brancas acreditarem que estão apenas imaginando que estão sendo tratadas de determinada maneira devido à cor da pele, mantendo-as em uma posição de desestabilização e inferioridade. Quando parada pela segurança do aeroporto para uma verificação aleatória, a pessoa não branca se pergunta: "É realmente aleatório ou é por causa da minha cor de pele?" Quando maltratada por um chefe branco, a pessoa não branca se pergunta: "É realmente por causa

* Por exemplo, Lei de Cotas. (N. da R.T.)

do meu comportamento ou por causa da cor da minha pele?" Quando recebem menos por palestras do que seus colegas brancos, pessoas não brancas se perguntam: "É realmente porque eu sou menos experiente ou é por causa da minha cor de pele?"

Por fim, o daltonismo racial é uma maneira de evitar não apenas observar as raças de outras pessoas, mas também a sua. Frequentemente, os brancos se consideram "sem raça" ou "normais", com todo o resto sendo de alguma raça ou diferente, e assim não conseguem investigar como a ideia de daltonismo racial os protege de ter que refletir sobre o que significa ser branco em uma sociedade supremacista branca. Quando você se recusa a olhar para a cor, você se recusa a se considerar uma pessoa com privilégio branco.

Sugestões para o diário de reflexão

1. Que mensagens foram ensinadas a você na infância sobre ver cores/raça?
2. Como você se sente quando uma pessoa não branca fala sobre raça e racismo?
3. Como você prejudicou pessoas não brancas em seu convívio ao insistir em não ver cor?
4. Qual é o primeiro sentimento instintivo que surge quando você ouve as palavras *pessoas brancas* ou quando você tem que dizer *pessoas negras*?
5. Que ginástica mental você fez para evitar ver sua própria raça (e o que aqueles de privilégio branco fizeram coletivamente a pessoas não brancas)?

OBSERVAÇÃO SOBRE ANTINEGRITUDE PARA OS DIAS 9-11

"Como os negros simbolizam profundamente a raça na consciência branca, qualquer pessoa branca que queira desafiar o racismo e se envolver na prática antirracista deve trabalhar para abordar especificamente as mensagens que internalizou sobre pessoas negras."

— ROBIN DIANGELO

Nos próximos três dias, analisaremos a antinegritude. Antes de começarmos, quero estabelecer um entendimento e uma definição básicos de antinegritude. O Merriam-Webster define *antiblack,* antinegro, como "oposto ou hostil às pessoas negras", e o Movement for Black Lives define o *anti-black racism,* racismo antinegro, como um "termo usado para descrever especificamente a discriminação, a violência e os danos únicos impostos pelo racismo que impactam especificamente os negros".[18]

Durante o desafio ao vivo do #MeAndWhiteSupremacy no Instagram, o dia 9 foi um dos primeiros a deixar todos sem fôlego na sala — tanto os participantes do desafio quanto eu e as outras mulheres negras que estavam observando o desenrolar do trabalho. Até esse ponto, estávamos conversando sobre aspectos mais fundamentais da supremacia branca

---

18 ANTIBLACK. In: DICTIONARY by Merriam-Webster. Springfield: Merriam-Webster. Disponível em: <https://www.merriam-webster.com/dictionary/antiblack>. Acesso em: 3 jun. 2019.

e do racismo. Ainda não tínhamos conversado sobre as pessoas diretamente afetadas pelo racismo. Devo também admitir que foi o primeiro dia do desafio em que eu, como facilitadora do trabalho, desmoronei e chorei. Eu digo tudo isso para afirmar que a antinegritude é feia. Dói. E é necessário dar a ela o nome que tem, pois, sem nomeá-la e confrontá-la cara a cara, todo esse trabalho continua sendo um exercício de intelectualização e teorização. O trabalho antirracismo que não abre o coração não pode levar as pessoas a mudanças significativas.

Embora eu use as palavras *mulheres negras* e *homens negros* nos dias 9 e 10, e *meninos negros* e *meninas negras* no dia 11, convido você a ir além do binário de gênero e refletir sobre sua antinegritude em relação a pessoas negras trans, não binárias e que não se encaixam em padrões de gênero. Por fim, observe que, quando se trata de analisar a antinegritude, estamos falando especificamente sobre pessoas negras, e não sobre pessoas racializadas em geral, mas pessoas negras de ascendência africana.

Dia 9

VOCÊ E A ANTINEGRITUDE CONTRA AS MULHERES NEGRAS

"As mulheres negras sabem o que significa amar a nós mesmas em um mundo que nos odeia."

— BRITTNEY COOPER, *ELOQUENT RAGE*

O QUE É ANTINEGRITUDE CONTRA AS MULHERES NEGRAS?

No final de 2018, a atriz vencedora dos prêmios Oscar, Emmy e Tony Viola Davis subiu ao palco no café da manhã para mulheres na indústria do entretenimento do *Hollywood Reporter* para receber o prêmio de liderança Sherry Lansing. Durante seu poderoso discurso de onze minutos, Davis falou intensamente sobre como é ser uma mulher negra em Hollywood:

> *Quando eu comecei minha produtora com meu marido... Nós começamos porque eu me cansei de sempre celebrar filmes que não me continham... Eu não me refiro a Viola, eu me refiro a uma mulher negra... Eu estava cansada de ver o quão imaginativos os escritores eram ao escrever sobre as complexidades, a alegria, a beleza, a feminilidade de personagens brancos. E talvez uma hora depois do começo do filme, aparecia o personagem negro obrigatório meio que entrando na frente da câmera, que tinha um nome — não precisava nem ter*

um nome, na verdade — porque não se sabe nada sobre ele. E mesmo quando você sabe algo sobre ele, é sempre muito romantizado. Temos que ser maternais. Temos que ser salvadoras. Temos que fazer aquele personagem branco se sentir melhor.[19]

Davis estava falando especificamente sobre a falta de representatividade e os estereótipos de mulheres negras nos filmes, mas essa mesma atitude existe em relação às mulheres negras em qualquer meio, setor ou espaço comunitário. Malcolm X disse que as mulheres negras são o grupo mais desrespeitado, desprotegido e negligenciado dos Estados Unidos. Eu acredito que essa atitude em relação às mulheres negras também se aplica a outros países. As mulheres negras despertam todo tipo de sentimento em pessoas não negras detentoras de privilégio branco: medo, admiração, inveja, desdém, raiva, desejo, confusão, piedade, ciúme, superioridade e muito mais. As mulheres negras são super-humanizadas e postas em pedestais como rainhas ou como a mulher negra forte, ou são desumanizadas e vistas como indignas do mesmo cuidado e atenção que as mulheres brancas. Super-humanizar e desumanizar são prejudiciais porque, como Davis aponta corretamente em seu discurso, os dois comportamentos são incapazes de captar as mulheres negras com as mesmas complexidades, alegria, beleza e feminilidade das mulheres de outras raças.

As mulheres negras são frequentemente sub-representadas porque não são vistas como mulheres, muito menos como pessoas, da forma como as mulheres brancas são. As mulheres negras são frequentemente retratadas com traços vagos e monolíticos que as categorizam em estereótipos particulares que roubam sua humanidade. Nos Estados Unidos, em particular, esses estereótipos surgiram especificamente da violenta história de escravidão de homens negros e mulheres negras na América do Norte. Em seu livro *Sister Citizen: Shame, Stereotypes, and Black Women*

---

19 CHUBA, Kirsten. Viola Davis Proclaims "I Cannot Lead with Bull—" at *Hollywood Reporter* Women in Entertainment Event. **Hollywood Reporter**, 5 dez. 2018. Disponível em: <https://www.hollywoodreporter.com/news/viola-davis-proclaims-i-cannot-lead-bull-thr-wie-2018-1166333>. Acesso em: 5 ago. 2020.

in America [*Irmã cidadã: vergonha, estereótipos e mulheres negras nos Estados Unidos*], a autora, professora e comentarista política Melissa V. Harris-Perry apresenta alguns dos principais estereótipos de mulheres afro-americanas, incluindo Mammy, Jezebel, Sapphire e Strong Black Woman.[20]

Esses nomes de estereótipos se referem especificamente a mulheres negras estadunidenses e nascem de uma história norte-americana distorcida e violenta. No entanto, as mulheres negras de todo o mundo também têm a experiência de serem vistas como zangadas, fortes, agressivas e selvagens através de uma lente branca, além de serem consideradas menos providas de inteligência e beleza do que as outras mulheres. Elas são vistas como a adversária agressiva, a ajudante atrevida ou a ferrenha defensora das mulheres brancas. Essa percepção se torna mais exagerada quanto mais escura for a pele da mulher negra. Essas caixas não apenas restringem o senso de individualidade e dignidade único das mulheres negras, mas também levam a maus-tratos, agressão e até morte. Um exemplo disso é a proliferação da crise de saúde materna negra nos Estados Unidos. De acordo com o Centers for Disease Control and Prevention, uma agência de saúde pública dos Estados Unidos, as mulheres negras no país têm de três a quatro vezes mais chances de morrer de causas relacionadas à gravidez do que as mulheres brancas.[21] Quando as mulheres negras são vistas como mais fortes e menos dignas do que as mulheres brancas, não é de admirar que isso se traduza no campo da medicina. Como Harris-Perry escreve em *Sister Citizen*, "os terapeutas têm menos probabilidade de perceber uma mulher negra como triste; eles a veem com raiva ou ansiedade".[22]

Como mulheres negras, nós temos até nossa própria classe de misoginia dirigida a nós: *misogynoir*. Um termo cunhado pela estudiosa feminista, escritora e ativista afro-americana Moya Bailey, *misogynoir* é

---

20 HARRIS-PERRY, Melissa V. **Sister Citizen: Shame, Stereotypes, and Black Women in America**. New Haven: Yale University Press, 2011.

21 CDC. Pregnancy Mortality Surveillance System. **Centers for Disease Control and Prevention**, 7 ago. 2018. Disponível em: <https://www.cdc.gov/reproductivehealth/maternal-mortality/pregnancy-mortality-surveillance-system.htm>. Acesso em: 5 ago. 2020.

22 HARRIS-PERRY, Melissa V. **Sister Citizen: Shame, Stereotypes, and Black Women in America**. New Haven: Yale University Press, 2011, p. 71.

definido como "tipo particular de ódio dirigido às mulheres negras".[23] É um termo que descreve o lugar em que o racismo voltado para pessoas negras e a misoginia se encontram, resultando em mulheres negras enfrentarem opressão e marginalização sob dois sistemas de opressão: supremacia branca e patriarcado. *Misogynoir* reflete o trabalho sobre interseccionalidade conduzido pela professora de Direito, defensora dos direitos civis e estudiosa pioneira da teoria crítica da raça Kimberlé Crenshaw.

COMO A ANTINEGRITUDE CONTRA AS MULHERES NEGRAS APARECE?

Exemplos de antinegritude contra mulheres negras incluem:

- A estereotipagem depreciativa e unidimensional das mulheres negras em categorias como forte, brava, servil, atrevida e assim por diante.
- A sub-representação de mulheres negras em posições de liderança em indústrias e espaços comunitários.
- A sub-representação de mulheres negras na grande mídia como protagonistas.
- O desdém e o desrespeito ao estilo e à beleza das mulheres negras no passado, que agora foram substituídos pela aprovação do estilo e da beleza das mulheres negras, conforme desejável — desde que sejam postos em corpos que não são negros.
- A expectativa de que as mulheres negras devem suportar o peso do trabalho emocional de desmantelar a supremacia branca.
- A expectativa das mulheres brancas de que as mulheres negras devem dar prioridade a gênero em detrimento da raça no mo-

[23] BAILEY, Moya. They Aren't Talking About Me. **Crunk Feminist Collection**, 14 mar. 2010. Disponível em: <http://www.crunkfeministcollective.com/2010/03/14/they-arent-talking-about-me/>. Acesso em: 5 ago. 2020.

vimento feminista, desconsiderando o fato de que as mulheres negras são negras e mulheres ao mesmo tempo e, portanto, afetadas pelo machismo e pelo racismo em todos os momentos.
- Policiar o tom das mulheres negras como bravo ou agressivo demais para ser ouvido ou considerado.
- Idolatrar e transformar em fetiche a força, a beleza e a cultura das mulheres negras.
- Tocar o cabelo das mulheres negras sem a permissão delas.
- Esperar que as mulheres negras se encaixem em estereótipos e papéis muito específicos, e sentir confusão e raiva quando elas não se encaixam.
- Criar intimidade exagerada com mulheres negras que você não conhece na tentativa de criar um senso artificial de sororidade.
- Julgar as mães negras como menos capazes, gentis ou amorosas do que as mães brancas.
- Desejar elogios, conforto, aprovação, reconhecimento e valorização das mulheres negras para se sentir bem consigo mesmo em sua jornada antirracismo.
- Usar amigas, parceiras e parentes negras como símbolos para provar que você não pode ser racista ou defender a antinegritude.
- Seguir a liderança de uma mulher negra somente depois que outras pessoas brancas demonstrarem aprovar tal mulher.

POR QUE VOCÊ PRECISA ANALISAR A ANTINEGRITUDE CONTRA AS MULHERES NEGRAS?

Estou convicta de que a elevação e o empoderamento das mulheres negras é uma das maiores ameaças à supremacia branca. Sabendo disso, a supremacia branca trabalha com particular afinco para sufocar, minar, marginalizar, demonizar e prejudicar as mulheres negras.

Todos os tipos de antinegritude, não importa a quem seja dirigida, retratam pessoas negras como inferiores em todos os aspectos, exceto nos modos como podem ser usados por pessoas não negras para obter ganhos não negros. Quando se trata de mulheres negras, esse tratamento é agravado pela marginalização adicional enfrentada pelo machismo. De estereótipos negativos que fixam as mulheres negras em uma imaginação unidimensional à maneira como os corpos das mulheres negras têm sido tratados — menos como corpos de seres humanos e mais como corpos de animais —, a antinegritude contra mulheres negras está matando mulheres negras, física e psicologicamente.

A maneira como você se comporta em relacionamentos com mulheres negras e em relação a elas diz muito sobre onde você está na sua jornada antirracismo. Você sente que não consegue se identificar com mulheres negras? Você cobiça os atributos físicos das mulheres negras, mas secretamente sente desdém por elas como pessoas? Você supõe que as mulheres negras são menos instruídas, menos abastadas e menos capazes do que você? Estes são apenas alguns sinais de que você nutre a antinegritude contra as mulheres negras. Essa antinegritude precisa ser escavada, confrontada e assumida para que você pratique o antirracismo.

Sugestões para o diário de reflexão

1. Pense no país em que você vive. Quais são alguns dos estereótipos raciais nacionais — expressos e tácitos, históricos e modernos — associados às mulheres negras?

2. Que tipo de relacionamento você já teve e tem com mulheres negras, e quão profundas são essas relações?

3. De que maneira você vê as mulheres negras que são cidadãs em seu país de forma diferente em relação àquelas que são imigrantes recentes?

4. De que maneiras você já tratou mulheres negras de pele mais escura de forma diferente em relação a mulheres negras de pele mais clara?

5. Quais são alguns dos estereótipos e suposições negativas sobre mulheres negras que você já pensou, e como eles afetaram a maneira como as tratou?

6. De que maneira você espera que mulheres negras lhe sirvam ou acalmem?

7. De que maneira você já reagiu na presença de mulheres negras que não se desculpam por sua confiança, autoexpressão, limites e recusa de se submeter ao olhar branco?

8. De que maneiras você já excluiu, descontou, minimizou, usou, policiou o tom ou projetou sua fragilidade e superioridade branca em mulheres negras?

Dia 10

VOCÊ E A ANTINEGRITUDE CONTRA OS HOMENS NEGROS

"Como os homens brancos não conseguem policiar sua imaginação, os homens negros estão morrendo."

— CLAUDIA RANKINE

O QUE É A ANTINEGRITUDE CONTRA OS HOMENS NEGROS?

No início dos anos 1990, meu pai levou nossa família para uma viagem única. Passamos as férias de verão navegando ao redor do mundo no navio-tanque dinamarquês em que ele trabalhava. Nascido na África Oriental, meu pai passou toda a sua carreira trabalhando no mar como marinheiro. Começando como um jovem adulto, ele estudou bastante e passou horas trabalhando, sendo promovido de cadete até capitão.

Meu pai desafiou as narrativas da supremacia branca a respeito do que ele "deveria" ser. Quando ele disse a meus dois irmãos mais novos e a mim que ele era realmente o capitão do enorme navio, não conseguimos acreditar. "Mas, papai", dissemos, "você não pode ser o capitão! Os capitães são velhos e barbados!" Ele e minha mãe riram. Até aquele momento, o único capitão que conhecíamos era o capitão Birds Eye, o homem branco idoso nos anúncios de televisão dos empanados de peixe que adorávamos comer no almoço. Olhando em retrospectiva agora, percebo que o que eu também quis dizer foi: "Você não pode ser o capitão. Você não é branco."

Na minha opinião, *capitão* era uma posição de alta autoridade e grande respeito na sociedade em que eu vivia, na qual nunca vi homens negros parecidos com meu pai. Ao recusar aceitar a noção de que os homens negros não podiam ter cargos de alta autoridade, meu pai mostrava para meus irmãos e para mim que, independentemente do que dissessem, nós tínhamos o direito de ser líderes. Tínhamos o direito de ser e fazer o que quiséssemos, onde quiséssemos.

Infelizmente, essa não é a mensagem que os homens negros como um todo recebem da sociedade supremacista branca. Como as mulheres negras, os homens negros geralmente ficam fixados a uma imagem unidimensional do que e de quem eles deveriam ser. Em nenhum lugar isso é mais aparente do que nos Estados Unidos, onde, como é o caso das mulheres negras, estereótipos surgidos da história violenta do país com os povos africanos arrancaram a humanidade dos homens negros.

O filme épico mudo de 1915 *O nascimento de uma nação* retratou os homens negros (interpretados por atores brancos em *blackface,* ou seja, com os rostos pintados de preto) como ignorantes e sexualmente agressivos com mulheres brancas — uma mensagem de propaganda fabricada que foi disseminada repetidamente para justificar o tratamento violento dos homens negros como forma de proteção da inocência e da pureza das mulheres brancas. Um século depois, esse estereótipo do homem negro sexualmente agressivo ainda vive na psique coletiva branca, como foi tristemente testemunhado na tragédia dos cinco jovens erroneamente acusados no caso da violência contra a mulher que corria no Central Park, retratado na minissérie *Olhos que condenam.* Os jovens cumpriram entre seis e treze anos de prisão por crimes de abuso sexual em 1989 — crimes que não cometeram. Durante o desafio #MeAndWhiteSupremacy, no Instagram, uma das frases que surgiram repetidas vezes sobre homens negros, independentemente do país do participante, foi "Eu temo homens negros".

Quando a sexualidade dos homens negros não é temida, muitas vezes é transformada em fetiche. Os homens negros são frequentemente vistos como conquistas sexuais, para satisfazer o apetite branco com sua genitália supostamente exagerada. Às vezes, eles também são vistos como um meio para atingir um fim: uma maneira de produzir bebês birraciais, uma maneira de se sentir "negra" (leia-se: mais ousada, mais descolada) ou uma maneira de irritar os pais brancos que se recusariam a pensar em suas filhas brancas tendo um relacionamento íntimo com um homem negro.

Nos Estados Unidos, é claro que existe uma relação violenta e abusiva entre homens negros (e pessoas negras em geral) e o sistema de justiça. Isso é possibilitado em parte pelas pessoas brancas que chamam constantemente a polícia para investigar homens negros (e pessoas negras em geral) por simplesmente existirem. Um exemplo chocante disso aconteceu em 2018, quando dois homens negros foram presos enquanto estavam sentados em silêncio em um Starbucks na Filadélfia à espera de um homem branco para uma reunião de negócios. A polícia foi chamada simplesmente porque os dois homens não haviam comprado nada (pois estavam esperando a chegada de um amigo).[24]

No cinema, um tropo cinematográfico sobre o qual o diretor de cinema Spike Lee expressou frustração é o do *negro mágico* — um personagem negro que ajuda o protagonista branco com ideias especiais ou poderes místicos.[25] Assim como o estereótipo da mulher negra como mammy*, o negro mágico apresenta os homens negros como personagens de outro mundo, mas no fim das contas descartáveis, que existem apenas para acalmar e servir os brancos de forma inteiramente altruísta.

---

24 HANNA, Jason; SGUEGLIA, Kristina; SIMON, Darran. The Men Arrested at Starbucks Are Paying It Forward Big Time. **CNN**, 3 mai. 2018. Disponível em: <https://www.cnn.com/2018/05/03/us/starbucks-arrest-agreements/index.html>. Acesso em: 5 ago. 2020.

25 MAGICAL Negro. In: WIKIPEDIA, 25 mai. 2019. Disponível em: <https://en.wikipedia.org/wiki/Magical_Negro>. Acesso em: 5 ago. 2020.

* Um estereótipo da mulher negra (em geral, a mulher negra de pele escura ou retinta) "maternal", geralmente gorda, dessexualizada, que cuida sempre das pessoas brancas. (N. do E.)

COMO A ANTINEGRITUDE CONTRA OS HOMENS NEGROS APARECE?

Exemplos de antinegritude contra homens negros incluem:

- Estereotipar homens negros como sexualmente agressivos, violentos, menos inteligentes, preguiçosos e criminosos.
- Demonstrar surpresa quando o comportamento, o jeito ou a personalidade de um homem negro não se encaixa nos estereótipos da supremacia branca.
- Desejar relacionamentos íntimos com homens negros para chocar ou surpreender familiares ou amigos brancos.
- Supor que homens negros financeiramente bem-sucedidos sejam atletas, artistas ou traficantes de drogas.
- Desejar afinidade ou aprovação dos homens negros para se sentir mais "bacana".

POR QUE VOCÊ PRECISA ANALISAR A ANTINEGRITUDE CONTRA OS HOMENS NEGROS?

A antinegritude contra homens negros sustenta a visão supremacista branca colonialista, que enxerga os homens negros como violentos, selvagens, animalescos e brutos, menos inteligentes que seus semelhantes brancos, como ameaças à mulher branca e à sociedade em geral. Isso é desumanizante. É fácil culpar o passado ou o sistema de justiça penal por esses aspectos, mas é importante lembrar que a supremacia branca é um sistema defendido por indivíduos que se beneficiam dela. Cabe a cada indivíduo retirar, confrontar e assumir sua parte da narrativa que mantém o sistema funcionando.

Quando os homens negros são vistos inconscientemente dessa maneira estereotipada, eles são limitados tanto na consciência social quanto na prática de quem e o que eles podem ser e onde podem estar.

Aquela taquicardia, causada por medo, quando você vê homens negros, aquela fetichização excitada dos homens negros como conquistas sexuais, aquela nota de surpresa quando homens negros são carinhosos e complexos em suas emoções, e todas aquelas ideias que você tem sobre homens negros que os diferenciam negativamente dos homens brancos são sinais claros de que você sustenta a antinegritude contra homens negros. Traga isso à tona hoje e chegue ao âmago da questão para poder parar de fixar homens negros em uma história supremacista branca criada por você mesmo.

Sugestões para o diário de reflexão

1. Pense no país em que você vive. Quais são alguns dos estereótipos raciais nacionais — expressos e tácitos, históricos e modernos — associados aos homens negros?

2. De que maneira você vê os homens negros que são cidadãos em seu país de forma diferente em relação àqueles que são imigrantes recentes?

3. Que tipo de relacionamento você já teve e tem com homens negros, e quão profundas são essas relações?

4. De que maneiras você já tratou homens negros de pele mais escura de forma diferente em relação a homens negros de pele mais clara?

5. Quais são alguns dos estereótipos e suposições negativas sobre homens negros que você já pensou, e como eles afetaram a maneira como os tratou?

6. De que maneira você já excluiu, descontou, minimizou, usou, policiou o tom ou projetou sua fragilidade e superioridade branca em homens negros?

7. Você transforma homens negros em fetiche?

8. Quanta liberdade você dá a homens negros, em seu imaginário, para que sejam seres humanos complexos e multifacetados?

Dia 11

VOCÊ E A ANTINEGRITUDE CONTRA CRIANÇAS NEGRAS

"Os negros amam seus filhos de forma extrema. Você é tudo o que temos e chega até nós ameaçado."

— TA-NEHISI COATES, *ENTRE O MUNDO E EU*

O QUE É ANTINEGRITUDE CONTRA CRIANÇAS NEGRAS?

Todas as mulheres negras e os homens negros de quem falamos nos dias 9 e 10 um dia foram crianças negras. Crianças negras na imaginação branca geralmente são bonitinhas no começo. Rostos marrons bonitinhos com cabelo encaracolado bonitinho. Então, em algum momento, elas crescem. E, na imaginação branca, de repente, não são mais tão bonitinhas.

Quando criança, eu sempre me perguntava por que minha mãe se esforçava tanto para que nos destacássemos na escola. Ela não queria apenas que nos saíssemos bem; ela queria que superássemos todos os outros alunos da nossa classe. Para minha sorte, sempre fui louca por aprender, mas a pressão para estar sempre no topo da classe era difícil. Já adulta, olhando em retrospectiva, posso ver como deve ter sido assustador criar filhos muçulmanos negros em uma sociedade que era antinegra, especialmente como uma mãe negra criando filhos sozinha, enquanto meu pai trabalhava no mar muitos meses do ano. Estávamos em uma sociedade que tratava negros e imigrantes como se fôssemos menos inteligentes, menos civilizados e menos dignos de realização e sucesso do que todos os outros. Minha mãe costuma nos contar sobre a nossa infância: "Queria que vocês fossem os melhores!" Meus pais sempre se esforçaram para alcançar a excelência, mas, quando penso nas palavras de minha mãe, também acho que o que ela quis dizer é que ela não queria que nenhuma pessoa branca tivesse qualquer motivo para nos criticar. Ela não queria nos limitar apenas ao que negros eram considerados capazes e dignos de fazer. Ela queria nos proteger e que déssemos nosso melhor, sabendo muito bem como a supremacia branca trata as crianças negras.

Dois estudos recentes nos EUA mostram como as crianças negras experimentam a "adultização", a experiência de serem vistas e tratadas como se fossem mais velhas do que realmente são. Em 2014, o professor Philip Goff e seus colegas publicaram um estudo experimental chamado "The Essence of Innocence: Consequences of Dehumanizing Black Children" ["A essência da inocência: consequências da desumanização das crianças negras"]. As conclusões do estudo foram que "os meninos negros são vistos como mais velhos e menos inocentes e estimulam uma concepção menos essencial da infância do que seus colegas brancos da mesma idade. Além disso, nossas descobertas demonstram que a associação entre pessoas negras e os macacos prevê disparidades raciais reais na violência policial em relação às crianças".[26] Em outras palavras, o estudo mostrou que, a partir dos dez anos de idade, os meninos negros são percebidos como mais velhos e com maior probabilidade de serem culpados do que seus colegas brancos, e que a violência policial contra eles é mais justificada. Temos apenas que olhar para os meninos negros como Tamir Rice e Trayvon Martin, que foram mortos porque não eram vistos como crianças, mas temidos como homens negros que poderiam prejudicar qualquer um a qualquer momento.

Em 2017, um estudo inovador dos Estados Unidos, intitulado "Girlhood Interrupted: The Erasure of Black Girls' Childhood" ["Infância interrompida: a eliminação da infância de meninas negras"], foi publicado pelo centro sobre pobreza e desigualdade da Faculdade de Direito de

---

26 GOFF, Philip et al. The Essence of Innocence: Consequences of Dehumanizing Black Children. **Journal of Personality and Social Psychology**, v. 106, n. 4, 2014, p. 526-545.

Georgetown. O estudo forneceu, pela primeira vez, dados que mostram que os adultos veem meninas negras como menos inocentes e mais parecidas com adultos do que meninas brancas, especialmente na faixa etária de cinco a catorze anos. Especificamente, o estudo constatou que, em comparação com as meninas brancas da mesma idade, se percebia que:

- Garotas negras precisam de menos carinho.
- Garotas negras precisam de menos proteção.
- Garotas negras precisam receber menos apoio.
- Garotas negras precisam ser menos confortadas.
- Garotas negras são mais independentes.
- Garotas negras sabem mais sobre assuntos adultos.
- Garotas negras sabem mais sobre sexo.[27]

Com relação ao tratamento das meninas negras no sistema educacional, o estudo sugere que "a percepção das meninas negras como menos inocentes pode contribuir para uma punição mais severa por educadores e administradores escolares. Além disso, a visão de que as meninas negras precisam de menos cuidados, proteção e apoio e são mais independentes pode se traduzir em menos oportunidades de liderança e orientação nas escolas". Já com relação ao tratamento de meninas negras no sistema penal juvenil, o estudo sugere que "a percepção de meninas negras como menos inocentes e mais adultas pode contribuir para escolhas mais punitivas por parte de pessoas em posições de autoridade, maior uso de força e penalidades mais severas".[28]

A antinegritude e a adultização das crianças negras fazem com que as crianças negras não sejam tratadas como crianças, mas como as pessoas

---

[27] EPSTEIN, Rebecca; BLAKE, Jamilia J.; GONZÁLEZ, Tahlia. Girlhood Interrupted: The Erasure of Black Girls' Childhood. **Georgetown Law Center on Poverty and Inequality**, 25 jun. 2017. Disponível em: <https://www.law.georgetown.edu/poverty-inequality-center/wp-content/uploads/sites/14/2017/08/girlhood-interrupted.pdf>. Acesso em: 5 ago. 2020.

[28] EPSTEIN, Rebecca; BLAKE, Jamilia J.; GONZÁLEZ, Tahlia. Girlhood Interrupted: The Erasure of Black Girls' Childhood. **Georgetown Law Center on Poverty and Inequality**, 25 jun. 2017. Disponível em: <https://www.law.georgetown.edu/poverty-inequality-center/wp-content/uploads/sites/14/2017/08/girlhood-interrupted.pdf>. Acesso em: 5 ago. 2020.

negras adultas nas quais se tornarão ao crescer na imaginação branca. As crianças negras são super-humanizadas como se não experimentassem o mesmo tipo de dor, medo e trauma que as crianças brancas, e desumanizadas como se não fossem dignas do mesmo nível de cuidado e atenção que as crianças brancas.

Como exemplo, em 2015, Dajerria Becton, de quinze anos, foi arrastada pelos cabelos, atirada ao chão, presa e algemada por um policial branco, enquanto ela clamava por sua mãe do lado de fora de uma festa na piscina da qual ela era um dos convidados.[29]

As crianças negras também são, muitas vezes, marginalizadas na imaginação dos brancos, com pessoas brancas querendo "salvá-las", seja de sua própria negritude, de seus pais negros (que são vistos pelo olhar branco como inferiores em sua capacidade de ser pais, em comparação com pais brancos), ou, no caso da síndrome do branco salvador na África, da situação de serem "pobres africanos". Tudo isso, no entanto, costuma ser apenas outra maneira de pessoas brancas se afirmarem como boas. Nada disso leva em consideração as verdadeiras necessidades das crianças, se concentrando em vez disso no imaginário distorcido que brancos sustentam em relação a pessoas negras.

COMO A ANTINEGRITUDE CONTRA CRIANÇAS NEGRAS APARECE?

Exemplos de antinegritude contra crianças negras incluem:

- Criar um fetiche sobre querer dar à luz ou adotar crianças negras.
- Sentir pena de crianças negras.
- Querer "salvar" crianças negras.

---

[29] MOYE, David. Black Texas Teenager Brutalized in 2015 Finally Gets Her Pool Party. **Huffington Post**, 20 jun. 2018. Disponível em: <https://www.huffpostbrasil.com/entry/dajerria-becton-pool-party-viral-video_n_5b2a751be4b0a4dc99233e9d?ri18n=true>. Acesso em: 5 ago. 2020.

- Usar crianças negras como acessórios, por exemplo, embarcando em viagens missionárias à África para tirar fotos com crianças africanas.
- A adultização de crianças negras (tratá-las como mais velhas e menos inocentes do que suas semelhantes brancas).
- Negligenciar crianças negras.
- Esperar que crianças negras sejam mais fortes que suas semelhantes brancas.
- Esperar que crianças negras sejam menos inteligentes do que suas semelhantes brancas.
- Usar crianças negras para provar que você ou seus filhos não são racistas excedendo-se em gentilezas ou desejando que seus filhos sejam amigos delas (esta é uma forma de tokenização*).

POR QUE VOCÊ PRECISA ANALISAR A ANTINEGRITUDE CONTRA CRIANÇAS NEGRAS?

A antinegritude em relação a pessoas negras não começa quando elas são adultas. Começa quando são crianças. Desde tenra idade, as crianças negras são tratadas com menos cuidado e mais suspeita do que as crianças brancas, o que significa que, durante toda a vida, pessoas negras são tratadas como inferiores e merecedoras de racismo — tanto em pensamento quanto em ação. Olhar para o seu relacionamento com crianças negras é muito desconfortável. Afinal, as crianças são inocentes. No entanto, a verdade é que algumas crianças são tratadas como menos inocentes do que outras. Se você realmente quer chegar à raiz da sua antinegritude, precisa começar do começo. As crianças negras não estão isentas de sua antinegritude. Você tem a responsabilidade de encarar

---

* Martin Luther King foi o primeiro a usar o termo (em inglês, *tokenism*) em um artigo de 1962, em que critica que o tokenismo serve apenas para passar uma imagem progressista a partir de pequenas concessões a um grupo minoritário. Alguns dicionários e estudiosos classificam o termo como outra forma de discriminação. (N. do E.)

isso hoje, para que possa erradicar o problema e entender como sua antinegritude inconsciente em relação a crianças negras contribui para gerar maneiras socialmente aceitas de tratar crianças negras e pessoas negras como se fossem inferiores.

Sugestões para o diário de reflexão

1. Pense no país em que você vive. Quais são alguns dos estereótipos raciais nacionais — expressos e tácitos, históricos e modernos — associados a crianças negras?

2. De que maneira você vê as crianças negras que são cidadãs de seu país de forma diferente em relação àquelas que são imigrantes recentes?

3. De que maneira você vê ou já viu as crianças negras quando são pequenas em comparação à maneira como as vê ou já viu quando chegam à adolescência e à idade adulta?

4. De que maneiras você já tratou crianças negras de forma diferente em relação a crianças brancas? E de que maneiras você já tratou crianças negras de pele mais escura de forma diferente em relação a crianças negras de pele mais clara?

5. De que maneiras você já tokenizou ou fetichizou "criancinhas negras lindas" ou "criancinhas birraciais lindas"?

6. De que maneiras você já quis "salvar" crianças negras?

7. Se você é branco ou birracial e tem filhos negros, que trabalho antirracismo você tem feito em si mesmo e em suas comunidades para tornar o mundo um espaço seguro para seus filhos? Você protege seus filhos quando alguém os exclui, ou você se retrai em silêncio branco?

Dia 12

VOCÊ E OS ESTEREÓTIPOS RACISTAS

"Nós, eles, bárbaros,
Bonitos e endurecendo-os
Terra treme-tremendo
Sejamos selvagens e barulhentos de novo"

— MONA HAYDAR

O QUE SÃO ESTEREÓTIPOS RACISTAS?

Embora tenhamos passado os últimos dias observando a antinegritude, a supremacia branca não feriu e matou apenas pessoas negras. Também feriu e matou povos indígenas e pessoas não brancas de vários países ao redor do mundo. Assim como existem estereótipos racistas sobre pessoas negras, também existem estereótipos prejudiciais sobre outros grupos de pessoas não brancas. A imposição de estereótipos racistas na mídia e no subconsciente coletivo é a maneira pela qual a supremacia branca continua a manter as pessoas não brancas como o "outro", aqueles que devem ser temidos, ridicularizados, marginalizados, criminalizados e desumanizados. Os estereótipos racistas da supremacia branca enfatizam repetidas vezes que aqueles que não são "como nós" são diferentes e, portanto, uma ameaça.

Antes de nos aprofundarmos na questão de hoje, para mim, é importante fazer um intervalo aqui e explicitar a diferença entre preconceito e racismo.

Todas as pessoas, independentemente da raça, podem ter algum nível de preconceito em relação a pessoas que não são da mesma raça que elas. Uma pessoa de qualquer raça pode criar um *conceito prévio* contra uma pessoa de qualquer outra raça com base em estereótipos raciais negativos e outros fatores. Preconceito é errado, mas não é o mesmo que racismo. O racismo é a junção de *preconceito* com *poder*, em que o grupo racial dominante (que em uma sociedade supremacista branca são pessoas com privilégio branco) é capaz de dominar todos os outros grupos raciais e afetar negativamente esses grupos em todos os níveis — pessoal, sistêmica e institucionalmente.

Portanto, embora uma pessoa não branca possa ter preconceito em relação a uma pessoa branca, ela não pode ser racista em relação a uma pessoa branca. Ela não tem o *poder* (que vem com o privilégio branco) e o apoio de um *sistema de opressão* (chamado de supremacia branca) para transformar esse preconceito em dominação e punição da maneira que uma pessoa branca seria capaz de fazer se as coisas fossem diferentes.

As siglas BIPOC [sigla em inglês para Black, Indigenous and People of Color, ou seja, negros, indígenas e pessoas não brancas] ou POC [sigla em inglês para People of Color, ou seja, pessoas não brancas] podem ser úteis em termos linguísticos na transmissão da ideia de que estamos nos referindo a pessoas que não têm privilégio branco, mas o que ganhamos em termos de facilidade de comunicação perdemos em termos de transmitir as vivências diferenciadas que esses diferentes grupos raciais têm quando se trata de suas experiências com a supremacia branca. Quando dizemos BIPOC ou POC, ou quando nos referimos simplesmente a pessoas não brancas, estamos essencialmente agrupando pessoas de todos os tipos de culturas e experiências raciais de forma grosseira e descuidada. Isso homogeniza suas experiências e dá a impressão de que todos experimentam a supremacia branca da mesma maneira, o que não acontece.

A razão pela qual escolhi especificamente cobrir a antinegritude separadamente dos povos indígenas e de outras pessoas não brancas é porque pessoas negras também são alvo da antinegritude desses grupos. No entanto, só porque pessoas indígenas e socialmente racializadas não negras podem perpetuar antinegritude, não significa que não vivam suas próprias experiências violentas e abusivas com a supremacia branca. Por esse motivo, durante este dia de trabalho, convido você a desmembrar mais profundamente a categoria de "pessoas não brancas ou socialmente racializadas", porque diferentes grupos raciais experimentam a supremacia branca de maneiras diferentes e, mesmo com esses agrupamentos mais precisos de países, o racismo é vivenciado de maneira diferente.

Por exemplo, o grupo de pessoas amplamente chamadas de "asiáticos" é impactado pela supremacia branca de maneiras diferentes, dependendo de onde são originárias, se do sul, do leste ou do sudeste da Ásia, pois cada subgrupo tem diferentes estereótipos racistas com os quais precisa lidar.

Aqui estão alguns dos grupos amplos nos quais pensar no diário do dia de hoje:[30]

- pessoas asiáticas
- pessoas latinas
- pessoas indígenas
- pessoas árabes
- pessoas birraciais e multirraciais

Algumas coisas a ter em mente ao olhar para estereótipos racistas a respeito desses grupos:

- Cada grupo nesta lista abrange muitos países e nações, cada um com sua própria história rica e complexa — tanto no que diz respeito a supremacia branca/colonialismo quanto entre si. Observe qualquer desejo de querer tratar cada grupo como um

[30] Para entender melhor esses grupos, ver DIANGELO, Robin. **What Does It mean to Be White? Developing White Racial Literacy**. Nova York: Peter Lang, 2012, especialmente o capítulo 15, "Racism and Specific Racial Groups".

grupo uniforme e não como países diferentes. Lembre-se de que o objetivo da supremacia branca é colapsar todos os "outros" em um único grupo para dominar e marginalizar.

- Religiões não são raças. No entanto, grupos raciais com frequência sofrem preconceito religioso e discriminação associados a certos grupos raciais, independentemente de praticarem essa religião ou mesmo pertencerem a essa religião em particular. Assim, por exemplo, embora "árabe" não seja sinônimo de "muçulmano", os árabes não muçulmanos podem experimentar estereótipos do tipo islamofóbico devido à ideia encorajada pela mídia de que todos os muçulmanos são árabes.
- Você pode pertencer a um grupo que experiencia estereótipos preconceituosos e opressão enquanto ainda mantém privilégio branco ou de quem é considerado branco. Um não cancela o outro, mas nos lembra que é uma questão de ambos/e, não ou/ou.
- Também é muito importante ter o colorismo em mente. Pessoas de pele mais escura geralmente enfrentam mais racismo do que pessoas de pele mais clara.
- Só porque um estereótipo parece positivo, não significa que não seja prejudicial. Os estereótipos roubam a individualidade complexa e apagam o impacto que a colonização teve sobre o motivo de alguns desses estereótipos terem surgido.

COMO OS ESTEREÓTIPOS RACISTAS APARECEM?

Os estereótipos racistas diferem dependendo do grupo racial. Aqui estão alguns exemplos de palavras estereotipadas racistas às vezes associadas a grupos diferentes (observe que elas diferem de grupo para grupo e também entre gêneros):

- Pobres
- Preguiçosos

- Menos instruídos
- Menos inteligentes
- Exóticos
- Picantes
- Espirituais
- Machistas
- Oprimidos
- Terroristas
- Traficantes
- Dominantes
- Efeminados
- Agressivos
- Recatados
- Alcoólatras
- Ambiciosos
- Desamparados
- Oportunistas

POR QUE VOCÊ PRECISA ANALISAR OS ESTEREÓTIPOS RACISTAS?

Os estereótipos racistas continuam a reforçar a ideia de que aqueles que não têm privilégio branco não devem receber esse privilégio porque são outros, inferiores e uma ameaça à civilização branca.

Os estereótipos racistas são usados por políticos, legisladores e pela mídia para justificar por que certos grupos de pessoas devem ser tratados como são. É fácil culpar aqueles em posições de liderança que dirigem narrativas estereotipadas racistas. Mas e as narrativas que você mantém, que continuam a tornar aceitável permitir que pessoas de outras raças sejam discutidas e tratadas como são?

Embora sejam ridículos quando expressados em voz alta, os estereótipos racistas se alimentam internamente como razões sutis, perigosas e aparentemente lógicas que explicam por que o racismo é justificado. Ainda que você nunca expressasse em voz alta ou acreditasse conscientemente nesses estereótipos, eles vivem dentro de você. Quando combinados com o poder que você tem como alguém com privilégio branco, esses preconceitos dão a você a capacidade de reforçar a supremacia branca.

Se, inconscientemente, você acredita que os povos indígenas são primitivos, ou que árabes são terroristas, ou que latino-americanos são traficantes de drogas, então, em algum nível, você vai sentir que tais estereótipos fazem sentido quando os vir refletidos na mídia. Portanto, em algum nível, fará sentido para você que essas pessoas experimentem o tipo de tratamento que enfrentam pelo sistema educacional, o sistema de justiça, o sistema de saúde, o sistema de imigração, o setor de emprego e assim por diante. Descobrir seus estereótipos racistas ajudará você a ver como contribui ativamente para a supremacia branca quando acredita nas mentiras da supremacia branca sobre a inferioridade daqueles que não se parecem com você.

Sugestões para o diário de reflexão

O que você aprendeu sobre você mesmo e os estereótipos racistas? Comece fazendo uma lista dos diferentes grupos raciais de pessoas encontradas em seu país. Sempre que possível, divida-os em países.

1. Quais são alguns dos estereótipos raciais nacionais em seu país — expressos e tácitos, históricos e modernos — associados aos povos indígenas e a pessoas racializadas não negras?

2. Quais são os estereótipos, as crenças e os pensamentos racistas que você tem sobre diferentes grupos raciais de pessoas? De que maneira você os agrupa em vez de vê-los como indivíduos complexos?

3. De que maneiras você vê as pessoas não brancas que são cidadãs do seu país de forma diferente em relação àquelas que são imigrantes recentes? O que você pensa sobre aqueles que são mais assimilados, em comparação com aqueles que são menos assimilados (por exemplo, se praticam as normas sociais do seu país, se têm sotaques parecidos com o seu etc.)?

4. De que maneiras você vê e trata crianças indígenas e não brancas de forma diferente em relação a como você vê e trata as crianças brancas?

5. De que maneiras você vê e trata pessoas indígenas e não brancas em geral de pele mais escura de forma diferente em relação a como vê e trata aquelas de pele mais clara?

6. De que maneiras você já super-humanizou certos aspectos das identidades de pessoas indígenas e não brancas em geral enquanto desumanizava outros aspectos?

Dia 13

VOCÊ E A APROPRIAÇÃO CULTURAL

"Quando você é membro do grupo privilegiado, não você não vê com bons olhos quando alguém diz que você não pode fazer algo."

— TIM WISE

O QUE É APROPRIAÇÃO CULTURAL?

Nos últimos cinco dias, você tem observado maneiras específicas pelas quais inconscientemente perpetuou a desumanização de pessoas não brancas, seja por pensamento ou ação, por daltonismo racial, antinegritude e estereótipos raciais. Hoje, você provavelmente já começou a perceber que a supremacia branca geralmente está presente de alguma forma quando você está interagindo com alguém que não possui privilégio branco. Há sempre uma dinâmica hierárquica de poder e privilégio em jogo. No topo dessa hierarquia estão aqueles com privilégio branco, mantendo uma posição de superioridade institucional e psicológica, e, na base da hierarquia, estão aqueles sem privilégio branco, mantendo uma posição de inferioridade institucional e psicológica. Essa dinâmica aliada à força violenta é o que tornou possível a escravidão e a colonização.

Falar sobre apropriação cultural no mundo moderno e globalizado de hoje é sempre complicado. Por um lado, devido aos avanços nos meios de transporte, na tecnologia e no amplo uso da internet, estamos mais culturalmente conectados uns aos outros do que jamais estivemos. O que suscita as perguntas: Como definimos o que é cultura? Como ela é formada agora? Quem é o "dono" do quê?

A apropriação cultural pode incluir a apropriação de objetos, padrões, símbolos, rituais, artefatos e outros elementos culturais. No entanto, uma pessoa de determinado grupo racial pode pensar que algo foi apropriação cultural, enquanto outra pessoa do mesmo grupo discorda e pensa se tratar de apreciação ou intercâmbio cultural. São fatores como esses que dificultam a classificação do que é apropriação cultural, e é por isso que evito fazer listas definitivas do que é e não é apropriação cultural. Dito isto, ainda devemos falar sobre o assunto, porque é uma faceta da supremacia branca.

Em seu livro *So You Want to Talk About Race*, a autora Ijeoma Oluo define amplamente apropriação cultural como "a adoção ou a exploração de outra cultura por uma cultura mais dominante".[31] Portanto, a primeira coisa, e a mais importante, que precisamos entender sobre apropriação cultural é que ela ocorre entre uma cultura *dominante* e uma cultura *não dominante* ou *marginalizada*. Para aprofundar, o que torna uma cultura dominante e outra não dominante não tem nada a ver com as especificidades dos países de onde essas culturas vêm (por exemplo, tamanho da população, PIB nacional ou até que ponto a história dessa cultura vai), e sim a relação histórica e atual que existe entre as duas culturas. Devemos nos perguntar se essa relação inclui colonização, roubo de terras, sequestro e escravização em massa, tentativa de genocídio, assimilação forçada, segregação, discriminação racial legalizada e reforço de estereótipos racistas negativos. Nesse caso, a cultura que se beneficiou dessa opressão é identificada como dominante, e a cultura que sofreu essa opressão é identificada como a não dominante. Ao considerar a apropriação cultural no contexto da supremacia branca e das pessoas não brancas, fica claro que aqueles que têm privilégio branco sempre pertencem à cultura dominante.

[31] OLUO, Ijeoma. **So You Want to Talk about Race**. Nova York: Seal Press, 2018, p. 134.

Eu sei o que você deve estar pensando: "Tudo bem, mas tudo isso foi no passado! Além disso, o compartilhamento cultural não é uma maneira de *resolver* o racismo?" Esses argumentos, embora atraentes, são fundamentalmente falhos.

Vamos considerar o que abordamos até agora neste trabalho:

- **Daltonismo racial:** embora biologicamente todos sejamos uma raça, as consequências da construção social da raça ainda são muito concretas. O argumento de que deveríamos agir como uma cultura humana gigante que compartilha tudo igualmente funcionaria se não fosse pelo racismo e pela existência de privilégios. O argumento de que "isso tudo foi no passado" tenta criar um presente pós-racial fictício que não reflete nossa realidade atual. Não podemos simplesmente fingir que não existem as experiências vividas das pessoas não brancas sob a supremacia branca, nem que uma cultura que sempre ocupou uma posição de domínio e privilégio magicamente deixou de ver diferenças e estabeleceu um relacionamento de igualdade com as culturas não brancas.
- **Antinegritude:** a antinegritude definitivamente não é uma coisa do passado e continua a marginalizar e prejudicar as pessoas negras do mundo todo até hoje.
- **Estereótipos racistas:** os estereótipos racistas continuam abundantes na mídia e na mente das pessoas, causando marginalização, perda de oportunidades, esquecimento, suspeita e ridicularização. De novo, isso não é coisa do passado. Além disso, os impactos da história racista ainda estão presentes hoje. As disparidades e a discriminação iniciadas por capítulos históricos do passado ainda existem hoje.

Portanto, quando pensamos na história e nos dias atuais, fica óbvio que é muito difícil apreciar ou fazer intercâmbio com uma cultura que sua cultura historicamente oprimiu e em relação à qual você pessoalmente mantém pensamentos de superioridade. A ideia de que é possível apreciar em vez de se apropriar de uma cultura que você vê como inferior é altamente duvidosa. Muitas vezes, o que você descreve como apreciação cultural é uma forma de tokenizar e exotizar enquanto continua a descartar e desumanizar as pessoas reais dessa cultura. Muitas vezes, os elementos culturais apropriados são despojados de seu contexto cultural, significado e sentido originais e usados de maneira a servir ou proporcionar prazer à branquitude.

Isso significa que você não deve compartilhar ou usar elementos de qualquer outra cultura, exceto a sua? Penso que esta é a pergunta errada a ser feita, porque ela só pode produzir uma resposta binária de sim ou não, e não vivemos em um mundo binário. Existem maneiras de apreciar outras culturas com respeito e honra, e isso começa com perguntas mais profundas, como:

Qual é a história que existe entre minha cultura e essa cultura?

Quais são alguns dos estereótipos negativos subconscientes e crenças racistas que tenho em relação a pessoas dessa cultura?

De que maneiras posso compensar financeiramente as pessoas da cultura da qual estou comprando elementos culturais?

De que maneiras estou apoiando, protegendo e elevando as pessoas dessa cultura em minha comunidade?

Entendo o significado histórico e a sacralidade desse elemento cultural para essa cultura?

Existe algo como esse elemento cultural em minha própria cultura?

Por que é tão importante para mim participar desse elemento cultural, mesmo correndo o risco de ofender as pessoas dessa cultura?

Existem maneiras de eu participar desse elemento cultural sem me beneficiar financeiramente de maneiras que as pessoas dessa cultura não se beneficiariam?

Se estou me beneficiando financeiramente, existem maneiras de redirecionar parte desse benefício financeiro para as pessoas dessa cultura?

Sabendo o que agora sei sobre mim e a supremacia branca, até que ponto é bom participar desse elemento cultural da maneira como tenho feito até agora? Algo precisa mudar? Se sim, o quê?

COMO A APROPRIAÇÃO CULTURAL APARECE?

A apropriação cultural aparece em várias esferas diferentes, incluindo, entre outras:

- **Moda:** a apropriação de estilos de moda culturais, geralmente por estilistas brancos que se apropriam das pessoas não brancas, muitas vezes sem crédito ou atribuição à cultura original; o uso da simbologia *blackface*.
- **Cabelo:** a apropriação de penteados tradicionalmente africanos usados em pessoas que não são negras.
- **Beleza:** a apropriação dos atributos físicos das pessoas não brancas, por exemplo, lábios mais grossos, quadris e coxas arredondados, pele mais escura (seja por bronzeamento ou por *blackfishing**).
- **Espiritualidade:** a apropriação de cerimônias espirituais, rituais, iconografia, práticas e objetos sagrados das pessoas não brancas.
- **Bem-estar:** a apropriação das práticas tradicionais de bem-estar e modalidades de cura das pessoas não brancas.
- **Música:** a apropriação de estilos de música negra, geralmente filtrados por lentes brancas (por exemplo, rap).
- **Feriados e eventos culturais:** feriados e eventos culturais que perpetuam práticas de apropriação, como fantasias de Halloween ou o uso do personagem *blackface* Zwarte Piet ou Black Pete na

---

* A apropriação, em especial por mulheres, de elementos das mulheres negras como forma de demonstrar exotismo. (N. do T.)

Holanda para a celebração anual de Sinterklaasavond (Dia de São Nicolau).

- **Estilos linguísticos:** a apropriação do inglês afro-americano por pessoas não negras.

POR QUE VOCÊ PRECISA ANALISAR A APROPRIAÇÃO CULTURAL?

O que torna os atos de apropriação cultural prejudiciais não é o desejo de compartilhar uma cultura diferente da sua. Pelo contrário, é a dinâmica de poder entre as culturas dominante e não dominante. Frequentemente, a apropriação é acompanhada de um apagamento da história de origem da cultura não dominante dessa prática, enquanto a cultura dominante é capaz de lucrar — seja financeira ou socialmente — pelo ato de apropriação. O que é visto como inferior, incivilizado, menos avançado, selvagem ou feio quando pertencente à cultura não dominante é subitamente visto como superior, avançado, cultivado e bonito quando usado pela cultura dominante. Por exemplo, quando pessoas brancas usam AAVE (*African-American Vernacular English**), elas são percebidas como mais ligadas ou descoladas. Quando pessoas negras usam AAVE, são vistas como do gueto e menos instruídas.

A apropriação cultural sustenta a ideologia da supremacia branca de que os brancos podem pegar o que quiserem de pessoas não brancas sem consequências e que, quando uma pessoa com privilégio branco adota algo de uma cultura negra ou racializada, é, de alguma forma, aprimorada porque adotou algo "exótico". A apropriação cultural é a coleção de partes

---

* Ou seja, Inglês vernáculo afro-americano (IVAA), também conhecido como inglês afro-americano, ou menos precisamente como inglês de negro, vernáculo de negro, inglês vernáculo de negro, *Ebonics*, inglês negro, é uma variedade afro-americana (dialeto, etnoleto, socioleto) do inglês estadunidense. Sua pronúncia, sob alguns pontos de vista, é similar ao inglês estadunidense sulista, que é falado por muitos afro-americanos e muitos não afro-americanos nos EUA. [Wikipédia] (N. do E.)

da negritude e de outras culturas socialmente racializadas que atraem a branquitude enquanto se descartam as pessoas negras e não brancas.

Por fim, a apropriação cultural reescreve a história com a branquitude no centro. Assim, por exemplo, embora a ioga tenha suas raízes na Índia como uma prática espiritual, agora é vista como uma prática predominantemente centrada em brancos, focada principalmente na saúde física. Quando pensamos em um professor de ioga, pensamos em uma pessoa branca. Enquanto os povos originários americanos eram historicamente proibidos de realizar suas práticas religiosas por leis e políticas governamentais, agora a espiritualidade branca da Nova Era coopta e lucra financeiramente com essas práticas, ferramentas sagradas, plantas rituais e itens cerimoniais. Os penteados negros foram difamados por serem menos bonitos (quando usados por pessoas negras), mas agora o mundo da moda com predominância branca, que historicamente negligencia o cuidado com os cabelos de pessoas negras, coopta penteados negros como tranças, trancinhas e bantu knots, chamando-os de "inovadores" e "urbanos".

A supremacia branca agora mercantiliza e se apropria de elementos que negou e difamou, relacionados a raças de pessoas que discriminou. Isso é racismo e deve ser combatido.

Sugestões para o diário de reflexão

1. Como você se apropria ou se apropriou de culturas não brancas?
2. Que ações você tomou quando viu outras pessoas brancas se apropriando de determinadas culturas? Você chamou atenção para isso? Ou usou seu silêncio branco?
3. Você já recebeu um alerta por fazer apropriação cultural? Como reagiu?
4. Como você lucrou (social ou financeiramente) com a apropriação cultural?
5. Que desculpa você deu para dizer que a apropriação cultural não é "tão ruim"? Como você se sente em relação a ela agora que fez treze dias deste trabalho?

Dia 14

REVISÃO DA SEMANA 2

Esta semana de trabalho foi pesada. Complexa. Você provavelmente já pensou em fugir e esquecer que já ouviu falar de mim ou deste trabalho. No entanto, continua aqui de qualquer maneira, porque está começando a entender qual é o *verdadeiro* trabalho — e, uma vez que começa a vê-lo, não consegue mais ignorá-lo.

Durante a Semana 1, analisamos o que chamo de básico, alguns dos comportamentos que formam a base do pensamento no estilo da supremacia branca. Durante esta segunda semana, enfrentamos a fera feia de como a supremacia branca se manifesta através do mito do daltonismo racial e do racismo da antinegritude, dos estereótipos e da apropriação cultural. Sem fazer o trabalho fundamental da Semana 1, não teria sido possível enfrentar a Semana 2 sem realmente se aprofundar. É fácil ver como o privilégio branco, a fragilidade branca, o policiamento de tom, o silêncio branco, a superioridade branca e a excepcionalidade branca levam aos pensamentos e comportamentos que abordamos na Semana 2.

A supremacia branca, portanto, não é uma questão simples a respeito de quais candidatos você vota ou quais relacionamentos mantém com pessoas não brancas, e sim um conjunto de comportamentos, pensamentos e crenças sutis, muitas vezes inconscientes, que, quando reunidos, formam um quebra-cabeça realmente assustador. Não basta olhar apenas uma ou duas peças do quebra-cabeça. Para ver a figura inteira, precisamos olhar cada peça por vez e ver toda a história sendo contada.

Sugestões para o diário de reflexão

1. O que você começou a ver que não consegue ignorar?

2. O que você começou a descobrir sobre si mesmo quando se trata da supremacia branca?

3. O que esses últimos treze dias (e especialmente os últimos seis dias) lhe mostraram sobre como a supremacia branca funciona através de você?

4. O que você aprendeu sobre as maneiras desumanas de pensar e tratar as pessoas não brancas e por quê?

5. O que você aprendeu sobre você e a antinegritude?

6. Se você é birracial, multirracial ou uma pessoa não branca com privilégio branco, o que esta semana trouxe para você? Como você pode encontrar apoio e autocuidado depois desta semana pesada?

7. Se você escolheu este livro pensando que era "uma das boas pessoas brancas" ou apoiadora das pessoas socialmente racializadas, como você se sente em relação a isso agora?

8. De que modo sua maneira de pensar sobre seu privilégio branco, a fragilidade branca, o policiamento branco de tom, o silêncio branco, a superioridade branca e a excepcionalidade branca mudou?

Semana 3

ALIANÇA

Na Semana 3, analisaremos o conceito de aliança e os comportamentos, pensamentos e ações que frequentemente contorcem o que esse termo significa. Começamos a semana com a apatia branca, algo que você pode estar sentindo após catorze dias deste trabalho. Em seguida, examinamos alguns dos comportamentos que atrapalham a prática do apoio antirracista.

Antes de mergulharmos nesta semana, vamos explicitar o que queremos dizer quando falamos sobre aliança e apoio. Uma definição que realmente faz sentido para mim é a da PeerNetBC, que define aliança como "uma prática ativa, consistente e desafiadora de desaprender e reavaliar, na qual uma pessoa privilegiada procura trabalhar em solidariedade com um grupo marginalizado. O apoio não é uma identidade — é um processo de construir relacionamentos com base na confiança, consistência e responsabilidade com indivíduos e/ou grupos marginalizados, ao longo da vida toda. A aliança não é autodefinida — nosso trabalho e nossos esforços devem ser reconhecidos pelas pessoas com quem procuramos nos aliar".[32]

A primeira coisa a entender é que a aliança e o apoio não são identidades, mas práticas. Uma pessoa com privilégio branco não pode se afirmar aliada de pessoas não brancas; em vez disso, deve procurar pra-

[32] PEERNETBC. What Is Allyship? Why Can't I Be an Ally? **PeerNetBC**, 22 nov. 2016. Disponível em: <http://www.peernetbc.com/what-is-allyship>. Acesso em: 17 ago. 2020.

ticar a aliança de forma consistente. Uma pessoa com privilégio branco não pode julgar se o que está praticando é apoio, de fato, porque o que considera como aliança poderia, na verdade, ser centralidade branca, tokenismo, síndrome do branco salvador ou aliança ilusória, por exemplo. A intenção desta semana de trabalho é ajudá-lo a entender melhor como você está formando (ou não) a aliança e como pode se tornar mais consciente das maneiras pelas quais está fazendo mais mal do que bem, apesar de suas melhores intenções.

Dia 15

VOCÊ E A APATIA BRANCA

"Nossa humanidade vale um pouco de desconforto, na verdade, vale *muito* desconforto."

— IJEOMA OLUO

O QUE É APATIA BRANCA?

O Aulete define "apatia" como "estado de insensibilidade, de quem não é suscetível a nenhuma emoção; indiferença"[33], e em outros dicionários são encontrados mais sinônimos como "despreocupação", "passividade", "desapego", "insensibilidade", "desinteresse", "desconsideração".

A apatia branca surge como uma resposta de autopreservação para se proteger de ter que enfrentar sua cumplicidade na opressão que é a supremacia branca. Entretanto, assim como o silêncio branco, a apatia branca não é neutra. É fácil julgar atos de racismo intencionais e planejados como a única manifestação da supremacia branca, mas a inação intencional da apatia branca é tão perigosa quanto as ações intencionais do racismo.

A apatia branca não tem agressão, mas é mortal em sua passividade. Por meio do desapego e da indiferença ao dano racial, a apatia branca

---

[33] APATHY. *In*: DICTIONARY by Merriam-Webster. Springfield: Merriam-Webster, 2020. Disponível em: <https://www.merriam-webster.com/dictionary/apathy>. Acesso em: 17 ago. 2020.

diz: "É bem triste que isso esteja acontecendo, mas não é problema meu." A apatia branca tenta, portanto, reforçar a ideia de que a supremacia branca é um problema inerente à pessoa não branca e não um problema criado e mantido por pessoas com privilégio branco. A apatia branca diz à pessoa não branca: "Gostaria de poder ajudar com sua causa. Mas, infelizmente, estou muito ocupado agora. Infelizmente, estou cansado demais agora. Infelizmente, agora não é uma prioridade para mim. Talvez, quando eu conseguir um pouco mais de espaço para mim, possa dedicar algum tempo para ajudá-lo. Até lá, desejo tudo de bom."

No entanto, desmantelar a supremacia branca não é uma questão de caridade. Não é uma campanha de conscientização de mídia social ou de arrecadação de fundos. É um sistema de opressão que confere vantagens e privilégios não conquistados a um grupo de pessoas à custa de outros grupos de pessoas. É uma ideologia que perpetua danos por meio de discriminação, violência, estereótipos racistas e criminalização. Se pessoas com privilégio branco sentem apatia por desmontar esse sistema, imagine como pessoas não brancas se sentem ao enfrentá-lo todos os dias.

A apatia branca é a escolha de permanecer no conforto quente e seguro da supremacia branca e nos privilégios que ela oferece.

Existem vários fatores que abordamos neste livro até agora que contribuem para a apatia branca:

Privilégio branco

O privilégio da branquitude significa não ter que lidar com a supremacia branca, caso se opte por não fazê-lo. Afinal, a supremacia branca beneficia de modos muito atraentes aqueles que são brancos ou que são considerados brancos. A apatia branca diz: "Por que jogar isso fora? Há muito mais a perder do que a ganhar."

Fragilidade branca

A fragilidade branca causa tanto desconforto que é fácil decidir que isso não vale a pena e que é melhor voltar ao conforto da supremacia branca.

A apatia branca é como um cobertor quente que diz: "Isso é muito difícil. Vamos voltar a dormir."

Silêncio branco

O silêncio branco e a apatia branca andam de mãos dadas, alimentando um ao outro. Você fica calado porque é apático ao racismo, e sua apatia alimenta ainda mais silêncio.

Excepcionalidade branca

A ideia de que "eu sou um dos bons" leva você a pensar que não é racista e, portanto, não precisa fazer mais nada para praticar o antirracismo. A excepcionalidade dá a você um falso senso de orgulho que é, na verdade, apatia branca disfarçada.

Daltonismo racial

Se você acredita que estamos em um período pós-racial na história, não sente urgência em praticar o antirracismo. De fato, é fácil se convencer de que sua escolha de não "ver a cor" o torna antirracista e, portanto, não há mais trabalho a ser feito. Você pratica a apatia branca enquanto se convence de que está praticando antirracismo.

Estereótipos antinegritude e racistas

Esses pensamentos subconscientes profundamente arraigados criam uma crença de que, em algum nível, a pessoa não branca merece o tratamento que está enfrentando porque é inferior, preguiçosa, feia, perigosa, não civilizada, indigna e assim por diante. A apatia aqui diz: "Eu gostaria que o racismo não fosse uma realidade, mas pessoas não brancas fazem por merecer, por causa de quem são." Esse tipo de justificativa é produzido a partir da superioridade branca.

COMO A APATIA BRANCA APARECE?

Aqui estão alguns exemplos de apatia branca em ação:

- Usar desculpas como preguiça, cansaço, medo, tédio, apatia ou perfeccionismo, afastando-se das notícias e de outros sentimentos e ações apáticos quando se trata de se envolver em práticas antirracistas.
- Fazer muito pouco trabalho antirracismo e, portanto, não entender como esse trabalho é urgente.
- Praticar silêncio branco, excepcionalidade branca e inação por causa de seu apego à ideia de que você é uma "boa pessoa branca".
- Usar seus problemas de alta sensibilidade, alta introversão ou saúde mental e questões pessoais para optar por não se esforçar, ignorando o fato de que há pessoas não brancas que também são altamente sensíveis, altamente introvertidas e que têm problemas pessoais e de saúde mental que não podem optar por não receber (seu) racismo.
- Não assumir responsabilidade pessoal por sua educação a respeito do antirracismo (ou seja, não procurar livros, podcasts, vídeos, filmes, artigos, aulas e outros recursos que possam ajudá-lo a aumentar sua compreensão sobre o racismo e sobre como desmantelar a supremacia branca).
- Complicar demais o que é necessário para praticar o antirracismo, usando várias desculpas que permitem a você procrastinar ou que o levam a sentir-se sobrecarregado pelo trabalho que precisa ser feito.
- Minimizar os efeitos do racismo dizendo a si mesmo que "não é tão ruim" ou que a pessoa não branca está "usando a raça como trunfo".
- Ser franco em questões não relacionadas ao racismo, mas se calar em relação a questões que afetam pessoas não brancas. Um exemplo disso na história recente é a onda de mulheres brancas

que compareceram ao primeiro protesto Women's March nos Estados Unidos, em 21 de janeiro de 2017 (um dia após a posse do presidente Donald Trump), e quantas dessas mulheres compareceram a protestos como o Black Lives Matter.

- Usar o perfeccionismo como desculpa para evitar o trabalho e temer usar sua voz ou realizar ações antirracismo até que você saiba tudo perfeitamente e possa evitar ser criticado por cometer erros.
- Sentir-se frustrado e desconfortável ao perceber que não há soluções fáceis ou seguras neste trabalho. Essa frustração pode levar a um sentimento de apatia, e você poderá pensar: "Para que fazer isso?"
- Usar a desculpa de que, como você não criou a supremacia branca, não é seu trabalho esforçar-se para derrubá-la.
- Usar a desculpa de que, como o processo de desmantelamento da supremacia branca é avassalador, com muitas partes fora do seu controle individual, não faz sentido nem tentar, porque não causará um impacto grande o suficiente para importar, de qualquer maneira.

POR QUE VOCÊ PRECISA ANALISAR A APATIA BRANCA?

A apatia branca é outro componente importante que mantém a supremacia branca como o *status quo*. A supremacia branca mantém as pessoas com privilégio branco entorpecidas e apáticas demais para de fato fazerem esse trabalho. Não é que você não se importasse com pessoas não brancas. É que você não se importou o suficiente para fazer delas uma prioridade suficientemente alta. As pessoas com privilégio branco não têm ganho pessoal ao fazer esse trabalho e perdem muito em termos de privilégio e poder.

Os políticos que usam o medo do "outro" para obter apoio estão se conectando a esse medo de perder privilégios. Esses políticos conduzem uma retórica que diz que, se deixarmos essas pessoas terem espaço, além dos privilégios e poder que temos, elas tirarão tudo de nós — nossos empregos, casas, riquezas, segurança e tudo o que nos torna quem somos. Embora essa retórica racista lhe pareça vil conscientemente e você não apoie políticos assim, inconscientemente, a supremacia branca está lhe dizendo a mesma coisa. E você aceitou esse discurso. A supremacia branca está lhe dizendo para não lutar pelo que é certo, não se envolver em destruir um sistema que lhe beneficia, porque, se o fizer, perderá tudo o que faz de você quem você pensa que é: uma pessoa que foi condicionada a acreditar que é superior a pessoas de outras raças. A mente condicionada quer se apegar ao que sabe e ao que a tem mantido em segurança, mesmo correndo o risco de prejudicar outras pessoas no processo.

Lutar contra a sua apatia branca é lutar contra a supremacia branca. Resistir ao desejo de inventar desculpas, permanecer desapegado, entregar-se ao silêncio, evitar responsabilidade e aceitar as complexidades desse trabalho é assumir a prática do antirracismo.

Sugestões para o diário de reflexão

1. De que maneiras você tem sido apático no que diz respeito ao racismo?
2. De que maneiras você notou pessoas brancas privilegiadas em suas comunidades (família, amigos, trabalho) sendo apáticas no que diz respeito ao racismo?

Dia 16

VOCÊ E A CENTRALIDADE BRANCA

"Recebi críticas no passado que me acusaram de não escrever sobre pessoas brancas... Como se nossas vidas não tivessem sentido e profundidade sem o olhar branco. E passei toda a minha vida de escritora tentando fazer com que o olhar branco não fosse o dominante em nenhum dos meus livros."

— TONI MORRISON

O QUE É CENTRALIDADE BRANCA?

A citação acima foi tirada de uma entrevista filmada nos anos 1990 entre o repórter e apresentador de talk show Charlie Rose e a aclamada autora de best-sellers Toni Morrison. Durante essa parte da entrevista, Morrison estava respondendo a uma pergunta que a frustrava por ter que responder com frequência: "Quando você vai escrever livros que não sejam sobre raça?" Em outras palavras, estavam perguntando quando ela passaria a escrever livros que não fossem centralmente sobre negros, fora do olhar branco. A mensagem subliminar da pergunta parecia ser que sua escolha de não incluir os brancos como personagens centrais em seus romances e sua escolha de não enfrentar a negritude através das lentes da branquitude de alguma forma tornavam seu trabalho inferior, menos popular e menos relevante. Como seus textos não colocavam a branquitude no centro como protagonista da história ou como a principal questão com a qual os negros deveriam se preocupar, seus livros eram considerados, de alguma forma, menos críveis. Na entrevista, Morrison procura explicar que escritores brancos como Leon Tolstói também escreveram sobre raça, mas que, como "o branco não é visto como uma raça, ninguém questiona quando os escritores brancos vão escrever fora da branquitude".[34]

Lembro-me de assistir a essa entrevista há alguns anos e ficar profundamente impressionada com as respostas de Morrison. Isso me fez perceber como o branco é visto como "normal" e o não branco como o "outro". Fiquei frustrada por ver que a pergunta subjacente feita a Morrison parecia ser "Quando você vai deixar de lado sua negritude e escrever sobre coisas que são mais relevantes para os brancos?", e isso me fez pensar em todas as outras maneiras pelas quais eu testemunhei a centralidade branca como parte normal da vida. Pense em filmes, livros, podcasts, programas de televisão, revistas, espaços de bem-estar e líderes que você encontra todos os dias. Quem é super-representado? Quem é sub-representado? Quem é visto como a norma e quem é visto como marginal?

Quando comecei a entrevistar mais mulheres negras e socialmente racializadas em meu podcast, às vezes recebia a seguinte pergunta de pessoas com privilégio branco: "Esse podcast é para nós?" Isso me fez pensar: Será que quando um podcast apresenta mais convidados brancos para entrevistas, devo perguntar se o podcast é para mim? Este é um exemplo de centralidade branca — a ideia de que, quando algo apresenta principalmente pessoas brancas, é para todos, mas, se apresenta principalmente pessoas não brancas, é relevante apenas para pessoas não brancas.

A centralidade branca é a centralização de pessoas, valores, normas e sentimentos brancos acima de tudo e de todos os outros. Se pensarmos

---

34 RAO, Sameer. #TBT to When Toni Morrison Checked Charlie Rose on White Privilege. **Colorlines**, 18 fev. 2016. Disponível em: <https://www.colorlines.com/articles/tbt-when-toni-morrison-checked-charlie-rose-white-privilege>. Acesso em: 18 ago. 2020.

na definição de supremacia branca, a centralidade branca faz sentido. A supremacia branca é a ideia de que as pessoas brancas ou consideradas brancas são superiores e, portanto, merecem dominar as pessoas que não são brancas. Sob a supremacia branca, a branquitude é centralizada como norma. Todo o resto é visto como marginal. A branquitude é vista como a medida de maior valor de retidão, bondade, verdade, excelência e dignidade.

A centralidade branca é uma consequência natural da supremacia branca. Se você inconscientemente acredita que é superior, então inconscientemente acreditará que a sua visão de mundo é superior, normal, correta e que merece estar no centro.

O egocentrismo é uma prática natural a todos os seres humanos individuais. Nossos egos nos fazem ver as coisas de um ponto de vista egocêntrico: como isso é importante para *mim* como indivíduo? No entanto, a centralidade branca é um ego coletivo que pergunta: "Como isso é importante para *nós*, pessoas brancas?" A centralidade branca descarta todas as outras narrativas como menos importantes, que foi exatamente o que Morrison conscientemente optou por subverter quando disse: "Passei toda a minha vida de escritora tentando fazer com que o olhar branco não fosse o dominante em nenhum dos meus livros."[35] Isso não é algo sobre o que as pessoas com privilégio branco têm que pensar conscientemente ou escolher intencionalmente. Sob a supremacia branca, as narrativas não brancas geralmente são vistas como menos relevantes, exceto quando são cooptadas por apropriação cultural ou reimaginadas por lentes brancas.

---

[35] RAO, Sameer. #TBT to When Toni Morrison Checked Charlie Rose on White Privilege. **Colorlines**, 18 fev. 2016. Disponível em: <https://www.colorlines.com/articles/tbt-when-toni-morrison-checked-charlie-rose-white-privilege>. Acesso em: 18 ago. 2020.

COMO A CENTRALIDADE BRANCA APARECE?

Aqui estão alguns exemplos da centralidade branca em ação:

- A super-representação de pessoas com privilégio branco e narrativas centradas na branquitude em filmes, arte, livros e outras áreas criativas.
- A super-representação de pessoas com privilégio branco em posições de liderança e sucesso.
- Feminismo branco (a ser abordado mais adiante neste livro), um tipo de feminismo que se concentra apenas na luta de gênero, porque a raça não é uma fonte de opressão ou discriminação para pessoas com privilégio branco.
- A reinterpretação de eventos históricos e feriados culturalmente significativos por meio de uma narrativa centralizada na branquitude, que apaga ou minimiza as narrativas de pessoas não brancas, como o feriado americano de Ação de Graças, o feriado australiano do Dia da Austrália ou o feriado do Dia de São Nicolau, nos países baixos.
- Síndrome do branco salvador (a ser abordado mais adiante neste livro), que posiciona a pessoa não branca como menos civilizada e menos avançada do que os brancos e, portanto, como se precisasse ser "salva" pelos brancos que são vistos como mais civilizados e mais avançados.
- Policiamento de tom, pois pede que pessoas não brancas falem em tons considerados aceitáveis para aqueles com privilégio branco.
- A afirmação e valorização dos padrões europeus de beleza em contraste com os padrões das pessoas não brancas (por exemplo, cabelos lisos, olhos azuis, pele branca ou clara, nariz menor).
- No trabalho antirracismo, o foco na forma como o trabalho antirracismo faz as pessoas com privilégio branco se sentirem, em vez da forma como as pessoas não brancas se sentem com

o racismo. A apatia dos brancos é uma forma de centralidade branca, pois presta mais atenção nas formas como o antirracismo é cansativo e avassalador para pessoas com privilégio branco do que em como o racismo é prejudicial e violento para as pessoas não brancas.

- A resposta de #AllLivesMatter ou #BlueLivesMatter a #BlackLivesMatter*, sem entender que o movimento pela justiça social não teria que existir se todas as vidas fossem tratadas como igualmente importantes.
- A reação da fragilidade branca quando espaços apenas de pessoas não brancas são criados, quando sentimentos brancos são ignorados durante conversas raciais, quando são usadas hashtags como #BlackGirlMagic, ou outras que celebram pessoas negras, quando a apropriação cultural é apontada, quando as pessoas não brancas têm posições de liderança.

POR QUE VOCÊ PRECISA ANALISAR A CENTRALIDADE BRANCA?

Assim como um peixe não pode ver a água em que nada e assim como nós, seres humanos, não podemos ver o ar que respiramos, a centralidade branca é como uma rede invisível que sustenta a supremacia branca. Embora seja fácil ver e apontar o racista ativo que usa insultos raciais, é quase impossível ver o racismo cotidiano que marginaliza e apaga a pessoa não branca através da centralidade branca. A centralidade branca é tão normal que quase não é considerado que precisa ser interrompida ou finalizada, e é exatamente isso que a torna uma parte tão perigosa da supremacia branca.

* Com origem na comunidade negra estadunidense, o Black Lives Matter é uma organização internacional fundada em resposta à absolvição do assassinato de Trayvon Martin. Hoje, é um movimento global, com atuação destacada nos Estados Unidos, Reino Unido e Canadá. Sua missão é erradicar a supremacia branca e mobilizar empoderamento nas comunidades negras para que seja possível resistir à violência perpetrada pelo Estado. (N. da R.T.)

A centralidade branca é invisível apenas para aqueles que não aprenderam a vê-la. A questão é: quando você a vir, você escolherá interrompê-la intencionalmente ou se voltará para o conforto acolhedor da apatia branca? A interrupção da centralidade branca começa com interromper a maneira como a centralidade branca acontece em sua mente e em seus comportamentos. Ao considerar o tópico de hoje, pergunte a si mesmo: você dá mais credibilidade, respeito, valor e energia a pessoas com privilégio branco e a narrativas centradas em pessoas brancas do que a pessoas não brancas e a narrativas centradas nelas? Você questiona, rejeita ou tem sentimentos ambíguos em relação a pessoas não brancas quando elas interrompem sua visão de mundo centrada nas pessoas brancas? Você faz um esforço intencional para interromper a centralidade branca quando a vê, como exigir mais representação das pessoas não brancas? Durante o seu trabalho antirracismo, você se concentra mais em como se sente do que em relação ao que o racismo faz as pessoas não brancas sentirem? Quando você aprende o que é a centralidade branca, consegue aprender a descentralizar a branquitude e, assim, interromper a supremacia branca.

A supremacia branca faz as pessoas com privilégio branco temerem que sua branquitude seja descentralizada porque foram ensinadas a acreditar que, se não estiverem no centro, serão marginalizadas e oprimidas. Entretanto, descentralizar a branquitude não significa se inferiorizar frente às pessoas não brancas. Essa ideia simplesmente alimenta o paradigma hierárquico que impulsiona a supremacia branca — de que uma raça deve estar acima das outras. Descentralizar a branquitude significa aprender a parar de sustentar a branquitude como norma e, em vez disso, aprender a viver e operar de uma maneira mais abrangente.

A supremacia branca não quer igualdade, quer domínio. Por isso é tão difícil e tão importante descentralizar a branquitude. Porque, na descentralização, as pessoas não brancas recebem espaço para serem tratadas como iguais. Quando a branquitude é descentralizada, a supremacia branca perde seu poder.

Sugestões para o diário de reflexão

1. Como sua visão de mundo é centrada na branquitude?
2. Como você reage quando a branquitude ou você, como pessoa branca, não é o centro em espaços e conversas?
3. Como você julga as pessoas não brancas quando elas não atendem aos padrões centrados nas pessoas brancas?
4. Como você, uma pessoa com privilégio branco, já se posicionou como centro em espaços e conversas de pessoas não brancas?
5. O que você está começando a entender sobre a maneira como a centralidade branca afeta as pessoas não brancas?

Dia 17

VOCÊ E O TOKENISMO

“A norma é branca, aparentemente, na visão de quem vê as coisas dessa maneira. Para essas pessoas, a única razão pela qual você apresentaria um personagem negro é para apresentar esse tipo de anormalidade. Geralmente, é porque você está contando uma história sobre racismo ou pelo menos sobre raça.”

— OCTAVIA BUTLER

O QUE É TOKENISMO?

Meus filhos, que nasceram e cresceram no Catar, frequentam a mesma escola britânica em que me formei. Apesar de ser uma escola britânica, o corpo discente é extremamente diversificado. Durante meus anos de estudante, me lembro de mais de cinquenta nacionalidades diferentes sendo representadas. Quando nos mudamos para o Catar, saindo do Reino Unido, fiquei admirada em conhecer crianças de todo o mundo. Eu não era mais a “única”. Minha diferença cultural era igual à de qualquer outro estudante. Faz quase duas décadas que me formei, e o corpo discente parece ser ainda mais diversificado do que quando eu era estudante. Sou grata por meus filhos terem tido a experiência, desde o primeiro dia de sua jornada educacional, de não serem as únicas crianças não brancas em sua classe ou escola.

No entanto, apesar de o corpo discente ser maravilhosamente diversificado, o corpo docente e as lideranças não são. Não me lembro de ter tido um único professor não branco durante minha época de estudante, e, embora haja mais professores não brancos agora, eles ainda são minoria. Em uma reunião de pais, recentemente, na qual o conselho da escola apresentou as atualizações para o ano acadêmico, decidi abordar isso como um problema. Perguntei por que o corpo docente era tão branco e o que estava sendo feito para atrair mais professores não brancos. Compartilhei que era importante para meus filhos e, de fato, para *todas* as crianças, ter mais professores não brancos. Além disso, meses antes, eu havia levantado uma questão em outra reunião de pais porque estava infeliz com o fato de a programação de leitura da série de minha filha apresentar romances de autores e personagens fictícios que eram, em sua maioria, brancos. Nos dois casos, recebi uma resposta compreensiva, mas morna, de que eles entendiam que era um problema e que veriam o que poderiam fazer sobre isso. Também disseram haver esforços para contratar mais professores não brancos. Entretanto, como mãe de alunos daquela escola, eu só vira alguns professores não brancos — em quantidade suficiente para dizer que estavam tentando, mas não o suficiente para chegar perto de diversidade e inclusão concretas.

Fiquei com a impressão de que, embora eles pudessem entender que era um problema, não viam como um problema grande o suficiente. Eu senti que o máximo a ser feito seria adicionar mais alguns professores não brancos simbólicos e livros de autores não brancos para satisfazer a "fachada" da diversidade sem fazer o trabalho mais profundo e necessário para uma verdadeira inclusão e representação.

Por que é importante para mim que meus filhos tenham uma mistura inclusiva de professores com os quais aprender durante os anos escolares? Não deveria estar satisfeita com a diversidade do corpo discente? Embora eu esteja feliz por saber que o corpo discente é tão diverso, também entendo que as crianças são impactadas por quem veem em posições de liderança e autoridade, bem como por quem veem em histórias fictícias. Também estou ciente de que o preconceito racial inconsciente e a antinegritude dos professores com privilégio branco não desaparecem magicamente porque eles têm um corpo discente tão diverso. A resposta da escola aos meus pedidos não me surpreendeu. A resposta a pedidos de maior inclusão e representação das pessoas não brancas geralmente recebe respostas semelhantes, independentemente de se tratar de uma escola, empresa ou mesmo uma cerimônia de premiação (#OscarsSoWhite).

O tokenismo é definido como "a prática de fazer apenas um esforço superficial ou simbólico para uma atividade específica, especialmente recrutando um pequeno número de pessoas de grupos sub-representados, a fim de dar a aparência de igualdade sexual ou racial dentro de uma força de trabalho". No caso da supremacia branca, o tokenismo essencialmente usa as pessoas não brancas como adereços ou símbolos sem sentido para fazer parecer que o antirracismo está sendo praticado, enquanto continua a manter o *status quo* das pessoas brancas como norma dominante. À medida que as demandas por diversidade crescem em diferentes setores, mídias e comunidades, o tokenismo se torna mais forte. Em um esforço para corrigir o problema da sub-representação, as organizações usam o tokenismo como um curativo prático para corrigir um problema que tem raízes muito mais profundas.

O tokenismo não é apenas uma tática usada por organizações e marcas. Também é algo que os indivíduos com privilégio branco usam para provar sua excepcionalidade e seu status como uma pessoa não racista. As pessoas podem usar um membro não branco da família, um amigo, professor, uma pessoa em quem votaram ou mesmo um autor ou educador antirracista que seguem para provar que não são racistas. Entretanto, a proximidade e até a intimidade com pessoas não brancas não apagam o privilégio branco, preconceitos inconscientes ou a cumplicidade no sistema de supremacia branca. Estar em um relacionamento com uma pessoa não branca ou ter um filho birracial ou multirracial não isenta uma pessoa com privilégio branco da prática de antirracismo.

COMO O TOKENISMO APARECE?

Costumamos ver quatro tipos de tokenismo:

Tokenismo em marcas

Quando uma organização ou um evento predominantemente branco envolve algumas pessoas não brancas simbólicas ou usa elementos culturais de pessoas não brancas para dar o efeito visual de diversidade sem estar realmente comprometido com a inclusão ou o antirracismo na prática ou em suas políticas. O que vemos com frequência são movimentos rápidos para trazer a pessoa não branca para a frente do negócio, da marca ou do evento sem comprometer-se com a prática do antirracismo de longo prazo ou com a mudança de política. As pessoas não brancas são usadas para oportunidades de fotos e para a fazer número, mas não são envolvidas de maneira significativa além de sua utilidade como símbolos.

Tokenismo nas narrativas

Quando personagens não brancos são usados na tela para dar uma aparência visual de diversidade ou para complementar os principais personagens brancos. Esse tipo de tokenismo costuma ser visto nos filmes, na televisão e até nos livros, como Octavia Butler disse na citação de abertura deste dia 17. Os papéis e as narrativas desses personagens geralmente são subdesenvolvidos ou carecem de profundidade ou nuances, como apontado por Viola Davis quando abordamos mulheres negras no dia 9.

Tokenismo no trabalho emocional

Quando uma pessoa ou um grupo de pessoas com privilégio branco ou uma organização predominantemente branca coloca a responsabilidade de realizar o trabalho emocional de discutir e desenvolver todos os assuntos relacionados ao racismo nas costas da pessoa não branca, reduzindo-a simplesmente à sua raça. Isso não se refere a uma pessoa não branca cujo trabalho remunerado é intencionalmente voltado para raça, mas a alguém que por acaso é socialmente racializado e, portanto, os outros passam a esperar que responda a todas as perguntas relacionadas às suas experiências de racismo.

Tokenismo relacional

Quando uma pessoa com privilégio branco usa sua proximidade e relacionamento com uma pessoa não branca como prova de que não é racista: "Não posso ser racista porque meu parceiro/ex/filhos/membros da família/melhores amigos ou porque meus professores/escritores/artistas/ativistas/atletas/empreendedores preferidos etc. são socialmente racializados."

POR QUE VOCÊ PRECISA ANALISAR O TOKENISMO?

Em todos os casos de tokenismo, a pessoa não branca é usada como objeto simbólico para provar o não racismo de alguém. Não é necessário dizer que isso é desumanizante porque ignora a humanidade da pessoa não branca e a trata como "trunfos para sair do racismo" que podem ser usados a qualquer momento. É particularmente insidioso quando usado contra outra pessoa não branca, porque arma uma pessoa não branca contra outra (por exemplo, uma mulher negra alerta você sobre seu racismo, e você responde com o fato de que tem um filho/melhor amigo/parceiro negro, então você não pode ser racista).

O tokenismo de pessoas não brancas é um ato de supremacia branca, porque ainda apresenta as pessoas não brancas como objetos que podem ser usados para promover interesses de uma pessoa ou organização branca e protege aqueles com privilégio branco de ter que fazer o trabalho de interromper o domínio branco. O tokenismo parece lisonjeiro por fora, mas a verdade é que ele usa indivíduos não brancos como se fossem coisas, não pessoas. O tokenismo diz que as pessoas não brancas são valiosas apenas para pessoas com privilégio branco, na medida em que podem ser usados para seu próprio interesse (consciente ou inconscientemente).

Maior inclusão e representação em todos os espaços é algo que todos queremos. No entanto, quando surge sem um compromisso real de praticar o antirracismo em um nível mais profundo, o que inevitavelmente acontece é que a pessoa não branca que foi tokenizada sofre prejuízos no processo. A experiência de ser tokenizada por pessoas com privilégio branco é muito dolorosa. Isso faz com que a pessoa não branca pergunte: "Fui convidada a participar pelo que eu tenho para contribuir com o que posso agregar ou porque ajudarei quem me convida a mostrar que pensou na diversidade?"

Sem entender o que é o tokenismo e sem se comprometer a não praticá-lo, a supremacia branca continua a controlar a narrativa sobre como é a igualdade e a dignidade para a pessoa não branca.

Sugestões para o diário de reflexão

1. De que maneiras você já justificou seu racismo usando sua proximidade com uma pessoa não branca?
2. De que maneiras você já tokenizou uma pessoa não branca para provar que suas palavras, seus pensamentos ou suas ações não eram racistas?
3. De que maneiras você já tokenizou e fez uma pessoa não branca antagonizar a outra?
4. Se você é proprietário de uma empresa, de que maneiras você já tokenizou pessoas ou culturas não brancas em sua marca?
5. Se você acredita que nunca tokenizou pessoas não brancas, de que maneiras você já se calou quando viu isso acontecer?
6. Quando você elogia organizações ou eventos por serem diversos, pois parecem envolver algumas pessoas não brancas, até que ponto você analisou as práticas e políticas reais em relação a pessoas não brancas? De que maneiras você já você confundiu aparência de diversidade com inclusão e equidade reais?

Dia 18

VOCÊ E A SÍNDROME DO BRANCO SALVADOR

"Engraçado. Os senhores de escravos também pensavam que estavam fazendo a diferença na vida dos negros. Salvando-os de seus 'modos selvagens africanos'. A mesma bobagem, século diferente. Queria que pessoas como eles parassem de achar que pessoas como eu precisam ser salvas."

— ANGIE THOMAS, *O ÓDIO QUE VOCÊ SEMEIA*

O QUE É A SÍNDROME DO BRANCO SALVADOR?

No início de 2018, durante uma reunião com parlamentares no Salão Oval para discutir a proteção de imigrantes do Haiti, de El Salvador e de países africanos, o presidente dos EUA, Donald Trump, perguntou: "Por que deixamos todas essas pessoas de países de merda entrarem aqui?"[36]

A pergunta chocou o mundo todo, mas, na verdade, seu comentário refletiu o que muitas vezes é pensado, mas não abertamente dito, sobre pessoas não brancas. Essa ideia de que países e populações não brancas têm menos valor, capacidade, inteligência e autodeterminação em

[36] WATKINS, Eli; PHILLIP, Abby. Trump Decries Immigrants from 'Shithole Countries' Coming to US. **CNN**, 12 jan. 2018. Disponível em: <https://edition.cnn.com/2018/01/11/politics/immigrants-shithole-countries-trump/index.html>. Acesso em: 18 ago. 2020.

comparação aos países dominados por brancos e pessoas com privilégio branco é um aspecto fundamental da supremacia branca. Esse sentimento é o que leva à síndrome do branco salvador — a crença de que pessoas com privilégio branco, que se consideram superiores em capacidade e inteligência, têm a obrigação de "salvar" pessoas não brancas de sua suposta inferioridade e desamparo.

A ilustração mais clara desse conceito é o que o escritor Teju Cole chamou de "Complexo Industrial do Branco Salvador".[37] Esse termo descreve o fenômeno de missionários e voluntários brancos bem-intencionados que viajam para países da África, da Ásia e da América Latina (por meio da prática do voluntarismo) para ajudar a "resgatar" pessoas não brancas da pobreza e subdesenvolvimento de seu país. Embora bem-intencionados, esses voluntários costumam viajar para tais lugares munidos de pouco mais do que sua paixão e seu desejo de fazer o bem. Pouca consideração é dada à compreensão dos antecedentes históricos e contextos culturais em que estão entrando. É dada muita ênfase à crença de que esses voluntários têm as soluções certas para os problemas do país, sem ouvir e fazer parceria com as pessoas que eles pretendem ajudar.

Além disso, muita importância é dada à centralidade branca. Pessoas com privilégio branco acreditam que, apenas pela presença e pelo privilégio, elas têm o que é preciso para resgatar as pessoas não brancas das questões muito diversas e complexas com as quais se deparam. Pinta-se uma história desses países e de seus cidadãos como pobres, subdesenvolvidos e corruptos. Nada é mostrado sobre seu desenvolvimento e seus avanços tecnológicos, nem sobre seus pensadores, ativistas, empresários, artistas, cientistas ou engenheiros. Em especial, pouca atenção é dada ao impacto que o colonialismo e o imperialismo da supremacia branca tiveram nesses países e nas questões que estão enfrentando atualmente. Na verdade, tais lugares são usados como uma maneira de pessoas com privilégio branco se colocarem no centro como salvadores benevolentes,

---

[37] COLE, Teju. The White-Savior Industrial Complex. **The Atlantic**, 21 mar. 2012. Disponível em: <https://www.theatlantic.com/international/archive/2012/03/the-white-savior-industrial-complex/254843/>. Acesso em: 18 ago. 2020.

heróis ou messias de pessoas que estão destinadas a viver como inferiores, a menos que sejam resgatadas por intervenção branca. Basta uma *selfie* ou duas com uma criança negra ou socialmente racializada (geralmente sem o consentimento dos pais ou sem o entendimento de como essas fotos serão usadas para pintar uma imagem da síndrome do branco salvador) para criar essa narrativa. Em seu artigo "The White-Savior Industrial Complex" ["O Complexo Industrial do Branco Salvador"] no *The Atlantic*, Teju Cole explica:

> *Uma ladainha que ouvimos com muita frequência é aquela em que a África serve de pano de fundo para fantasias brancas de conquista e heroísmo. Do projeto colonial a* Entre dois amores, O jardineiro fiel *e* Kony 2012, *a África forneceu um espaço no qual egos brancos podem ser projetados convenientemente. É um espaço liberado no qual as regras comuns não se aplicam: um ninguém da América ou da Europa pode ir à África e se tornar uma espécie de deus salvador ou, no mínimo, satisfazer suas necessidades emocionais.*[38]

A síndrome do branco salvador também é vista em filmes e histórias de ficção. Filmes como *O último samurai*, *Um sonho possível*, *Avatar* e *Histórias cruzadas*, entre outros, dão enfoque à narrativa de um salvador branco que vem ao resgate das pessoas não brancas. Frequentemente, esses atores brancos recebem personagens de grande profundidade e nuance emocional, enquanto os personagens das pessoas não brancas são romantizados com tropos raciais ou contextos culturais simplificados. O filme *A Grande Muralha*, no qual o ator Matt Damon é a figura central do salvador em uma história fictícia da China, é outro excelente exemplo disso. Em resposta ao filme, a atriz americana de ascendência taiwanesa Constance Wu disse: "Temos que parar de perpetuar o mito racista de

---

[38] COLE, Teju. The White-Savior Industrial Complex. **The Atlantic**, 21 mar. 2012. Disponível em: <https://www.theatlantic.com/international/archive/2012/03/the-white-savior-industrial-complex/254843/>. Acesso em: 18 ago. 2020.

que apenas um homem branco pode salvar o mundo. Não é baseado em fatos reais. Nossos heróis não se parecem com Matt Damon."[39]

No entanto, a síndrome do branco salvador não se limita apenas a voluntarismo e entretenimento. A narrativa de que as pessoas não brancas são inferiores e se encontram desamparadas sem a intervenção branca está presente na consciência supremacista branca, quer uma pessoa com privilégio branco voe para a África ou permaneça em seu país de origem. A síndrome do branco salvador pode vir de professores com privilégio branco querendo resgatar seus alunos que são crianças racializadas. Pode aparecer como indivíduos e empresas que angariam fundos e apoiam projetos sem fins lucrativos para resgatar as pessoas não brancas que enfrentam questões de falta de acesso e discriminação. Pode até aparecer como pais com privilégio branco querendo adotar crianças não brancas (embora isso obviamente nem sempre seja o caso, é uma questão da qual se estar ciente). De maneiras mais sutis, o salvador branco é a pessoa com privilégio branco falando sobre ou por pessoas não brancas na crença de que sabem melhor como dizer o que precisa ser dito.

COMO A SÍNDROME DO BRANCO SALVADOR APARECE?

Aqui estão alguns exemplos do salvador branco em ação:

- Viagens missionárias e de voluntarismo a países economicamente subordinados com a intenção de fazer o bem, mas pouca preparação sobre como servir em vez de liderar.
- Narrativas de heróis salvadores brancos em filmes, na televisão e em histórias de ficção.
- Sentir o desejo de intervir e falar em nome das necessidades das pessoas não brancas, em vez de deixá-las com a tarefa de falar por si mesmas.

---

[39] WU, Constance. **Can We At Least Agree**. 29 jul. 2016. Twitter: @ConstanceWu. Disponível em: <https://twitter.com/ConstanceWu/status/759086955816554496>. Acesso em: 18 ago. 2020.

- A crença e a perpetuação de uma narrativa (consciente ou inconsciente) de que as pessoas não brancas vêm de "países de merda", cheios de pobreza, subdesenvolvidos e corruptos.
- O foco em narrativas brancas sobre a libertação de pessoas não brancas, como a crença de que mulheres muçulmanas não brancas que escolhem livremente usar o *hijab* precisam ser libertadas de sua dita opressão, abandonando o *hijab* e abraçando o feminismo branco ocidental.
- Pessoas com privilégio branco tratando indivíduos não brancos e as questões de discriminação que eles enfrentam como projetos autoindulgentes que servem apenas para amenizar a culpa branca e tomar o protagonismo. Por exemplo, ao tomar conhecimento da crise de saúde materna negra nos Estados Unidos, uma mulher branca disse a uma mulher negra que conheço que ela queria criar uma organização sem fins lucrativos para enfrentar a crise. Esse desejo, embora aparentemente bem-intencionado, desconsidera completamente o fato de que já existem mulheres negras e pessoas liderando esse trabalho e que, como uma pessoa com privilégio branco, uma maneira melhor de apoiar a resolução dessa crise seria fazer seu próprio trabalho antirracismo e abordar essas organizações para perguntar como ela poderia apoiá-las. O desejo de se tornar o protagonista da história é comum.

POR QUE VOCÊ PRECISA ANALISAR A SÍNDROME DO BRANCO SALVADOR?

O salvador branco parece benigno à superfície: tenta ajudar os marginalizados. Tenta "dar voz aos sem voz". Tenta defender pessoas que "não podem se defender". Na realidade, porém, a síndrome do branco salvador é outra forma de supremacia branca.

A síndrome do branco salvador atribui às pessoas não brancas a posição condescendente de crianças indefesas que precisam de pessoas com privilégio branco para salvá-las. Isso sugere que, sem intervenção, instrução e orientação dos brancos, a pessoa não branca ficará indefesa. Que, sem a branquitude, a pessoa não branca, que é vista como inferior às pessoas com privilégio branco na imaginação branca, não sobreviverá.

A síndrome do branco salvador é condescendente e uma tentativa de amenizar a própria culpa branca. Pode parecer uma tentativa de consertar as coisas, mas serve apenas para dar mais poder às pessoas com privilégio branco, fazendo-as se sentirem melhor consigo mesmas. Tira ativamente a força das pessoas não brancas e continua a reforçar as ideias da supremacia branca de que pessoas não brancas só são úteis na medida em que podem ser usadas para interesse dos brancos (tokenismo) e que os brancos são mais capazes de saber o que é melhor para pessoas não brancas do que elas próprias (superioridade branca).

O salvador branco é uma manifestação do colonialismo. É também uma contorção da narrativa — pessoas com privilégio branco historicamente colonizaram, prejudicaram, abusaram, sequestraram, escravizaram e marginalizaram pessoas não brancas. A síndrome do branco salvador varre isso para debaixo do tapete e depois reescreve o roteiro.

Sugestões para o diário de reflexão

1. Em quais narrativas de síndrome do salvador branco você percebeu acreditar (consciente ou inconscientemente)?

2. De que maneira você acredita que as pessoas não brancas são impotentes e requerem intervenção e ajuda de pessoas com privilégio branco?

3. De que maneiras você já tentou intervir ou oferecer instruções ou orientações acreditando que sua visão (branca superior) ofereceria as melhores soluções?

4. De que maneira você já falou mais alto do que as pessoas não brancas ou em nome delas porque achou que poderia explicar as necessidades e experiências delas melhor do que elas próprias? De que maneira você já passou as palavras das pessoas não brancas por um filtro branco?

5. Como você inconscientemente já pensou em desmantelar o racismo como um projeto ao qual você precisava dar sua "ajuda" como um bom salvador branco?

6. Qual foi a sua reação quando pessoas não brancas disseram a você ou a outros indivíduos com privilégio branco que elas não precisavam da sua "ajuda" e que, na verdade, precisam que você escute, entenda e siga a liderança das pessoas não brancas? Que reações você notou surgindo — por exemplo, fragilidade branca, policiamento de tom, excepcionalidade branca, superioridade branca etc.?

Dia 19

VOCÊ E A ALIANÇA ILUSÓRIA

"O racismo nunca deveria ter acontecido e, portanto, você não recebe recompensa por reduzi-lo."

— CHIMAMANDA NGOZI ADICHIE, *AMERICANAH*

O QUE É ALIANÇA ILUSÓRIA?

Ao facilitar o desafio ao vivo do #MeAndWhiteSupremacy no Instagram, recebi uma mensagem de uma mulher branca me convidando para falar em um festival de mulheres espiritualizadas no Reino Unido. Ela começou a mensagem elogiando a mim e ao trabalho que eu estava fazendo durante o desafio e depois explicou que eles estavam interessados em me convidar porque haviam percebido que precisavam de vozes mais diversas. Uma rápida pesquisa sobre o festival no Google me mostrou que os organizadores, anfitriões e palestrantes da conferência eram principalmente pessoas com privilégio branco. Eu estava desconfiada da ideia de entrar em um espaço que historicamente carecia de representação de pessoas não brancas e, mais notavelmente, que até agora não tinha tido conversas significativas e desafiadoras sobre raça. Eu também estava curiosa para saber se ela estava envolvida no desafio, porque, apesar de seus elogios, eu nunca tinha visto o nome dela antes.

Em resposta ao convite, minha equipe e eu fizemos duas perguntas. Primeiro, se ela estava fazendo o desafio #MeAndWhiteSupremacy. Sua resposta a essa pergunta me ajudaria a saber se ela entendia a natureza deste trabalho e como poderia ser perturbador para um espaço predominantemente branco como aquele para o qual ela estava me convidando. E, segundo, eu queria saber se o festival tinha alguma política ou prática que me protegesse como uma mulher negra entrando nesse espaço amplamente branco para falar sobre raça. Eu queria saber se eles se esforçariam para garantir que eu não sofresse microagressões raciais como aquelas das quais falamos até agora neste livro.

A mulher respondeu primeiro que não estava participando do desafio. No entanto, queria que eu soubesse que ela era uma aliada que estava envolvida nesse trabalho havia muito tempo. Este foi o meu primeiro sinal de alerta. Em resposta à segunda pergunta, ela nos disse que não, eles não tinham essas políticas em vigor, porque "não podem impedir as pessoas de serem idiotas". Este foi o meu segundo sinal de alerta de que ela não entendia o que é a supremacia branca ou como é a prática da aliança. Ela queria me levar como *token* para adicionar uma "voz diversa" para que o festival parecesse estar praticando um apoio antirracista, mas não queria fazer o trabalho mais profundo — tanto pessoal quanto organizacional — para garantir que esse ato de aliança não acabasse comigo sofrendo com a fragilidade branca e outras microagressões raciais. Ela usou elogios, bajulações e uma declaração de que era uma aliada para me convidar, mas, quando perguntei como eu estaria protegida entrando em um espaço como aquele, ela não disse nada. Este é um exemplo de aliança ilusória.

Talvez você já tenha ouvido falar dos termos *aliança performativa* ou *teatro de aliados**. Aliança ilusória é outro termo para esse comportamento

---

* O termo aliança performativa é mobilizado quando uma pessoa de um grupo não subordinado, como pessoas brancas, enuncia apoio e solidariedade a uma pessoa de um grupo subordinado, como pessoas negras, de uma forma que na realidade prejudica esse grupo. As alianças performativas geralmente beneficiam quem está performando a aliança e não quem efetivamente precisa dela. É muito comum verificarmos alianças performativas nas redes sociais, quando pessoas brancas dizem ser aliadas para receberem reconhecimento. (N. da R.T.)

e pode ser usado de forma intercambiável com os outros. Minha amiga Latham Thomas, autora e fundadora da Mama Glow, uma marca de produtos e conteúdo de maternidade, me apresentou o termo *aliança ilusória* em maio de 2018, e desde então ele permaneceu comigo. Em uma postagem que ela compartilhou na época nas redes sociais, chamada "We are not interested in Optical Allyship" ["Não estamos interessados em aliança ilusória"], Thomas definiu a *aliança ilusória* como "aliança que só serve no nível superficial para elevar o 'aliado', faz uma declaração, mas não passa da superfície e não tem como objetivo romper com os sistemas opressores de poder". Thomas estava falando do que ela via como a cooptação dos movimentos de justiça social em uma época em que ser "desconstruído" é visto como ser descolado. O que a incomodou é que as pessoas com privilégio não realizam o trabalho mais profundo de antiopressão, mas usam comportamentos como tokenismo, síndrome do branco salvador, centralidade branca e assim por diante para criar uma ilusão visual de aliança.

Existem certos sinais que nos dizem se um ato de aliança e apoio é genuíno ou ilusório:

- A intenção por trás do ato de apoio é evitar ser chamado de racista e/ou receber uma recompensa por meio de reconhecimento social, louvor e agradecimento.
- O ato de apoio cria uma aparência de diversidade e inclusão, mas não vem com nenhuma mudança em um nível mais profundo por meio de mudança de política, compromisso com a educação antirracismo, transferência de benefícios ou privilégios etc. O ato de aliança é simbólico, mas não substantivo.
- O ato de apoio é liderado por uma pessoa com privilégio branco, que não está ouvindo, apoiando nem seguindo a liderança da pessoa não branca que deseja ajudar. Vemos isso com a síndrome do branco salvador e com pessoas com privilégio branco realizando um ato de aliança que, em última análise, trata-se de se posicionar como o herói benevolente e consciente.

- O ato de apoio não envolve riscos verdadeiros. É realizado a partir da segurança da zona de conforto e privilégio de alguém.
- A pessoa branca demonstra fragilidade branca quando desafiada pela pessoa não branca a não realizar uma aliança ilusória, mas a ouvir e seguir orientações.

COMO A ALIANÇA ILUSÓRIA APARECE?

Aqui está uma lista não exaustiva de exemplos de alianças ilusórias:

- Passar para o ativismo sem fazer nenhum trabalho de autorreflexão sobre o seu racismo pessoal.
- Criar a impressão de ser um aliado, tokenizando pessoas não brancas.
- Repostar mensagens antirracismo e sinalizações de virtude para que todos saibam que você é um aliado, mas não fazer muito mais além disso em termos práticos.
- Posicionar-se como apoiador ou ativista, mas continuar a tomar o espaço, falar mais alto, falar em nome das pessoas não brancas e assumir seus espaços.
- Distanciar-se de sua própria supremacia branca, reclamando continuamente de como outras pessoas brancas são horríveis.
- Criar campanhas e movimentos para o antirracismo que na verdade são apenas para a construção de seu capital social ou para apaziguar sua culpa branca.
- Apenas fazer o trabalho divertido, fácil e fascinante e desaparecer quando é hora de fazer o trabalho de verdade.
- Apegar-se a símbolos* e hashtags em vez de fazer o trabalho real.

---

* A autora cita um chapéu cor-de-rosa, no inglês *pussy hat*, e alfinetes de segurança, no inglês *safety pins*. O chapéu foi primeiramente utilizado na Women's March, de março de 2017, e recebeu críticas da comunidade transgênero e de pessoas não brancas por representar apenas vulvas de mulheres brancas, sem respeitar outras identidades. (N. do E.)

- Levar palavras de ativismo e imagens de pessoas não brancas para sua marca para fazer com que sua empresa pareça mais "desconstruída".
- Ler este livro hoje porque você secretamente espera que ele o faça parecer mais "desconstruído".
- Agir como um aliado em público, mas prejudicar pessoas não brancas nos bastidores.
- Fazer o possível para ser exageradamente agradável com pessoas não brancas, com a esperança de ser visto como uma boa pessoa branca.
- Compartilhar apenas o trabalho de pessoas não brancas que você considera agradável ao olhar branco.

POR QUE VOCÊ PRECISA ANALISAR A ALIANÇA ILUSÓRIA?

Como no caso do tokenismo e da síndrome do branco salvador, a aliança ilusória tem tudo a ver com a pessoa com privilégio branco e nada a ver com a pessoa não branca à qual se destina a apoiar. Tem a ver com a aparência e o sentimento das pessoas brancas. Não é uma forma de prática antirracista, apesar de parecer. É outra forma de centralidade branca. É uma maneira de continuar se afirmando como uma pessoa com privilégio branco, sem realmente apoiar pessoas não brancas, até chegando a prejudicá-las ativamente.

Tokenismo, síndrome do branco salvador e aliança ilusória parecem todos ótimos modos de combater o racismo. No entanto, no fundo, eles continuam a perpetuar as ideologias em que a supremacia branca repousa — que, no final, quaisquer ações tomadas devem de alguma forma beneficiar aqueles com privilégio branco às custas das pessoas não brancas, em seu detrimento sob sua responsabilidade.

O site Guide to Allyship (em inglês) fornece uma explicação clara e simples sobre como realmente é o apoio de verdade. Criado pela designer e criadora de produtos Amélie Lamont, que também se responsabiliza pela curadoria, o site define *aliança* como:

- Assumir a luta como sua.
- Impor-se, mesmo quando estiver com medo.
- Transferir os benefícios do seu privilégio para aqueles que não o têm.
- Reconhecer que, embora você também sinta dor, a conversa não é sobre você.

Enquanto a aliança ilusória centraliza as pessoas com privilégios, a aliança verdadeira centraliza aqueles que são marginalizados.

Sugestões para o diário de reflexão

1. Como você tem praticado a aliança ilusória quando se trata do antirracismo?
2. Quais benefícios você procurou e/ou recebeu ao praticar a aliança ilusória?
3. Como você reagiu quando foi alertado de sua aliança ilusória?
4. Como você se sentiu quando não foi recompensado por seus atos de aliança ilusória?
5. De que maneiras a sua motivação para se aliar depende do que as outras pessoas pensam sobre você ou de como você é percebido?

Dia 20

VOCÊ E SER ALERTADO/REPREENDIDO

"Erros são um fato da vida. É a resposta ao erro que conta."

— NIKKI GIOVANNI

O QUE É SER ALERTADO OU REPREENDIDO?

No dia 2, falamos sobre a fragilidade branca, que Robin DiAngelo definiu como "um estado no qual mesmo uma quantidade mínima de estresse racial se torna intolerável, desencadeando uma série de movimentos defensivos".[40] A fragilidade branca é frequentemente sentida quando alguém é alertado ou repreendido.

Alertas e repreensões são formas de chamar a atenção para comportamentos problemáticos, prejudiciais e opressivos, com o objetivo final de mudar o comportamento e fazer reparações. O escritor, poeta e organizador de comunidade Asam Ahmad, em seu artigo de 2015 na revista *Briarpatch*, intitulado "A Note on Call-Out Culture" ["Uma nota sobre a cultura do alerta"], define dois métodos de alerta e repreensão da seguinte forma: "[a] tendência entre progressistas, radicais, ativistas

[40] DIANGELO, Robin. White Fragility. **International Journal of Critical Pedagogy**, v. 3, n. 3, 2011, p. 54-70.

e organizadores da comunidade de nomear publicamente instâncias ou padrões de comportamento opressivo e uso da linguagem por outros... [ou] falar em particular com um indivíduo que fez algo errado, a fim de abordar o comportamento sem fazer um espetáculo do próprio alerta."[41]

Muito foi escrito sobre os méritos e as críticas de métodos diferentes de alerta e repreensão, com debates sobre qual é mais eficaz. Esses argumentos são sutis e complicados e incluem fatores como:

- Dinâmica de poder.
- Policiamento de tom.
- Respeito frequentemente esperado por parte da pessoa não branca.
- A natureza do relacionamento que existe entre a pessoa que está sendo alertada/repreendida e a pessoa que está alertando/repreendendo.
- O nível de trabalho emocional envolvido para a pessoa não branca.
- A toxicidade que pode surgir com a cultura de alertar, mesmo que repreensões às vezes sejam a melhor e única abordagem disponível.
- Uso da aliança ilusória.

Dito isso, nos concentraremos hoje não no melhor método para alertar ou repreender, mas sim em sua reação ao ser alertado ou repreendido.

Nenhum de nós nasce plenamente consciente dos sistemas de opressão ou de nossos privilégios e preconceitos inconscientes. Também não nascemos conscientes dos contextos históricos nos quais mantemos identidades de privilégio ou marginalização. Porém, como existe um foco em ser perfeito, praticar o antirracismo perfeitamente e ser visto como uma boa pessoa, as pessoas com privilégio branco geralmente causam mais danos ao serem alertadas/repreendidas porque sua fragilidade branca

---

[41] AHMAD, Asam. A Note on Call-Out Culture. **Briarpatch**, 2 mar. 2015. Disponível em: <https://briarpatchmagazine.com/articles/view/a-note-on-call-out-culture>. Acesso em: 18 ago. 2020.

faz com que não aceitem receber o retorno necessário para ouvir, pedir desculpas e mudar dali em diante.

É normal que qualquer pessoa que tenha sido informada (qualquer que tenha sido o método) de que causou danos se torne defensiva, especialmente quando a causa do dano não foi intencional. Todos reagimos da mesma maneira: palmas das mãos suadas, batimentos cardíacos acelerados, "aquela sensação quente da vergonha" que nos sobrevém (como a professora e pesquisadora Brené Brown diz), náusea e uma vontade imediata de se levantar, se defender e explicar nossas intenções. Acreditando que estamos sob ataque, nossos cérebros reagem rapidamente com uma resposta de emergência, fazendo com que uma cascata de hormônios do estresse seja liberada em nossos corpos. No entanto, esses sentimentos são mais exacerbados durante as conversas raciais devido à existência de fragilidade branca, superioridade branca, excepcionalidade branca e assim por diante. Embora nunca seja agradável ser alertado ou repreendido, essas atitudes são um convite para tomar consciência de comportamentos e crenças ocultas para você, e são também oportunidades para agir melhor, parar de causar danos e reparar a dor provocada.

Todos nós já tivemos a experiência de pisar no pé de alguém ou esbarrar em alguém e pedir desculpas imediatamente. Não foi nossa *intenção* machucá-los, mas entende-se que o *impacto* ainda é o dano causado. Em vez de nos recusarmos a pedir desculpas porque não quisemos fazer aquilo, nos apressamos para pedir desculpas porque entendemos que causamos dor. Esta é uma explicação muito simplificada do que acontece quando ferimos alguém. No entanto, acho útil como uma maneira fácil de entender como, quando causamos danos, nosso impacto é mais importante do que nossa intenção. Portanto, quando falamos sobre ser alertado ou repreendido, uma reação comum das pessoas com privilégio branco é focar sua intenção e não seu impacto na pessoa não branca. Essa é uma forma de centralidade branca, que prioriza a maneira como uma pessoa privilegiada se sente ao ser alertada/repreendida em vez da dor real que a pessoa não branca sente como resultado daquelas ações, intencionais ou não.

COMO AS REAÇÕES A ALERTAS E REPREENSÕES APARECEM?

Aqui estão alguns exemplos de reações ao ser alertado ou repreendido:

- Ficar na defensiva, perder o controle, chorar, ficar em silêncio ou sair drasticamente do local ou da conversa.
- Concentrar-se na intenção enquanto ignora ou minimiza o impacto.
- Policiar o tom da pessoa não branca, alegando que você está sendo atacado ou caracterizando a(s) pessoa(s) que o repreende(m) de agressivas e irracionais.
- Negar que suas ações foram racistas porque você não vê cor (daltonismo racial).
- Tokenizar as pessoas não brancas para provar que você não é racista ou falar sobre todas as coisas boas que você fez por pessoas não brancas (uma prova de que esses atos foram, de fato, aliança ilusória).
- Falar mais do que ouvir as pessoas que estão fazendo o alerta ou a repreensão.
- Concentrar-se em como você pode consertar rapidamente as coisas por meio de aliança ilusória, em vez de realmente dedicar um tempo para refletir sobre suas ações e fazer mais pesquisas sobre o motivo pelo qual está sendo alertado ou repreendido.

POR QUE VOCÊ PRECISA ANALISAR ALERTAS E REPREENSÕES?

A supremacia branca (especialmente superioridade branca, centralidade branca e excepcionalidade branca) posiciona as pessoas com privilégio branco como virtuosas, agradáveis e moralmente corretas. Ser alertado ou repreendido parece um ataque perigoso contra o indivíduo e a identidade coletiva da branquitude. Ele ameaça você como pessoa com privilégio branco e também o próprio conceito de supremacia branca como um todo. Quando o alerta ou a repreensão vem de uma pessoa não branca por quem você inconscientemente mantém sentimentos de antinegritude e inferioridade racial, é fácil descartar, suspeitar ou simplesmente não acreditar nessas pessoas.

Se você não examinar suas reações ao ser alertado/repreendido, permanecerá em um estado de fragilidade e continuará a armar essa fragilidade contra as pessoas não brancas, centralizando-se como vítima e recusando-se a pedir desculpas ou mudar seu comportamento. Isso mantém a supremacia branca forte.

Ao seguir se concentrando em suas próprias intenções e sentimentos, você pratica a crença de que é mais importante que pessoas não brancas. De que seu desconforto por ser alertado/repreendido importa mais do que a dor que pessoas não brancas sentem nas mãos do racismo.

O medo de ser alertado/repreendido é um impedimento perigoso à prática genuína do antirracismo. Se você está constantemente com medo de fazer a coisa errada e de ser alertado/repreendido por isso, seu trabalho antirracismo se encaixa facilmente no perfeccionismo, o que levará a:

- **Fragilidade branca**, porque você não construiu a resiliência necessária para fazer este trabalho.
- **Policiamento de tom**, porque você só consegue lidar com o fato de ser alertado/repreendido se isto for feito em um determinado tom.
- **Silêncio branco**, por causa do medo de dizer a coisa errada.
- **Excepcionalidade branca**, porque você continuará pensando que é a exceção à regra, "um dos bons".
- **Apatia branca**, porque você vai pensar "do que adianta o esforço, se serei alertado/repreendido?".
- **Tokenismo**, porque você quer uma pessoa não branca para protegê-lo da dor de ser alertado/repreendido.

- **Aliança ilusória**, porque você estará mais preocupado em não ser alertado/repreendido do que em simplesmente fazer o trabalho.

Você *será* alertado/repreendido enquanto se esforça pelo antirracismo. Cometer erros é como você aprende e se sai melhor no futuro. Ser alertado/repreendido não é um impedimento para o trabalho — faz parte do trabalho. Não há segurança neste trabalho. Não há segurança para as pessoas não brancas na supremacia branca. A sensação de suposto perigo emocional que as pessoas com privilégio branco percebem ao serem alertadas/repreendidas é muito pequena em comparação à experiência das pessoas não brancas que vivem em meio ao racismo.

As perguntas de hoje são as seguintes: quando (não se) você é alertado/repreendido, você está bem equipado o suficiente para responder a isso de uma maneira que o ajude a aprender e a fazer melhor, ou você simplesmente cederá à fragilidade branca e desmoronará? Você está disposto a se esforçar para deixar de lado suas crenças inconscientes em torno de sua superioridade e excepcionalidade racial e realmente ouvir pessoas não brancas com empatia e desejo de melhorar? Você investirá no trabalho de educar-se para que, ao continuar crescendo e aprendendo, faça mais bem do que mal?

Sugestões para o diário de reflexão

1. O que você sentiu, pensou, disse ou fez quando recebeu um alerta/uma repreensão? De que maneiras você centralizou a si mesmo e as suas intenções em relação às pessoas não brancas e ao impacto de suas ações?

2. Se isso ainda não aconteceu, como você acha que reagirá quando acontecer, com base em seu nível de autoconsciência, seu trabalho antirracismo pessoal e sua fragilidade branca?

3. Quando você recebeu um alerta/uma repreensão, como se desculpou e procurou fazer reparações?

4. Quais são seus maiores medos em relação a receber um alerta/repreensão?

5. Pense nos tópicos que abordamos até agora neste livro. Quais comportamentos e crenças mais interferem no seu modo de ser capaz de reagir adequadamente ao ser alertado/repreendido?

Dia 21

REVISÃO DA SEMANA 3

Nesta semana, abordamos comportamentos relacionados à prática da aliança e como a supremacia branca pode continuar sendo perpetuada em ações e comportamentos que parecem nobres ou pelo menos neutros em teoria, mas rapidamente revelam uma base do *status quo* que tem sido mantida por baixo.

A apatia branca, como o silêncio branco, é uma maneira passiva de continuar sendo cúmplice da supremacia branca através da inação. A apatia branca diz que a pessoa não branca não é importante o suficiente para que você se posicione, use sua voz e se esforce. Essa falta coletiva de energia em relação ao antirracismo e às mudanças sociais é o que mantém a supremacia branca forte.

A centralidade branca sustenta a supremacia branca, mantendo o domínio da branquitude como norma e concentrando energia na priorização das necessidades e dos desejos das pessoas com privilégio branco acima de todos os outros.

O tokenismo, a síndrome do branco salvador e a aliança ilusória nos mostram, por outro lado, que é possível tentar fazer a coisa certa intencionalmente, mas continuar a perpetuar a centralidade branca e a superioridade branca. Ao explorar esses tópicos, você compreende melhor como se posicionar de maneiras que fazem mais bem do que mal.

Por fim, como fazer esse trabalho significa que você cometerá erros, analisamos como você reage ao receber um alerta/uma repreensão e como usar esses momentos como oportunidades para ouvir, pedir desculpas pelos danos, tornar-se mais instruído sobre privilégios e opressões, e fazer melhor daqui para frente. Maya Angelou disse: "Faça o melhor que puder até entender melhor. Então, quando você entender melhor, faça o melhor."[42] Quando se trata de conversas raciais, isso significa começar com a disposição de deixar de lado a fragilidade branca e o preconceito inconsciente, ouvir o comentário que está sendo oferecido (mesmo que cause desconforto), refletir sobre suas ações e crenças inconscientes, educar-se, pedir desculpas, fazer reparos através de mudança de comportamento e agir melhor no futuro.

Sugestões para o diário de reflexão

1. O que mais você aprendeu sobre si mesmo e sua marca única e pessoal de supremacia branca?
2. De que maneira você percebeu que comportamentos que considerava "não tão ruins" eram, na verdade, muito prejudiciais?
3. Onde você começa a ver qual é seu maior desafio quando se trata de seu trabalho pessoal antirracista?
4. Onde você está começando a fazer o trabalho e onde ainda está relutando?
5. Que outros pontos você começou a conectar ao refletir sobre o trabalho que fez até agora?

---

[42] Citado e parafraseado por Oprah em: OPRAH. Oprah Talks to Maya Angelou. **O Magazine**, mai. 2013. Disponível em : <https://www.oprah.com/omagazine/maya-angelou-interviewed-by-oprah-in-2013>. Acesso em: 18 ago. 2020.

Semana 4

PODER, RELACIONAMENTOS E COMPROMISSOS

Em nossa última semana juntos, analisamos seus relacionamentos com outras pessoas com privilégio branco, bem como seus valores pessoais e compromissos com o antirracismo. Alguns dos dias desta semana são mais curtos do que os que abordamos nas outras. Isso acontece porque são necessárias menos explicações sobre o tópico específico, e mais ênfase será dada à reflexão sobre seus relacionamentos com outras pessoas e seus compromissos para o futuro.

Nas três semanas anteriores, abordamos muitos comportamentos, crenças e dinâmicas diferentes que compõem a supremacia branca. Chegando à semana final, é hora de reunir esse aprendizado das maneiras que melhor possam ajudar você após a conclusão deste livro. Reserve um momento para revisar o que aprendeu até aqui, pois isso ajudará você a se aprofundar ao responder a algumas das perguntas reflexivas.

Dia 22

VOCÊ E O FEMINISMO BRANCO

"Se o feminismo pode entender o patriarcado, é importante questionar por que tantas feministas têm dificuldade de entender a branquitude como uma estrutura política da mesma maneira."

— RENI EDDO-LODGE, *POR QUE EU NÃO CONVERSO MAIS COM PESSOAS BRANCAS SOBRE RAÇA*

O QUE É FEMINISMO BRANCO?

Como feminista, não posso concluir este livro sem falar sobre feminismo. Nesse contexto, estamos falando sobre feminismo branco ou sobre o que você sempre considerou feminismo "convencional". Entendo que toda pessoa tem seu relacionamento (ou ausência de relacionamento) com o feminismo. Qualquer que seja sua identidade de gênero ou a natureza do seu relacionamento com o feminismo, é importante explorar este tópico e suas implicações sobre as pessoas não brancas.

Vamos começar com algumas breves definições para que tenhamos um ponto de partida comum sobre o qual nos basear. O *feminismo* é amplamente definido como "*uma gama de movimentos políticos, ideologias e movimentos sociais* que compartilham um objetivo comum: definir, estabelecer e alcançar a *igualdade* política, econômica, pessoal e social dos *gêneros"*.[43] O *feminismo branco* é amplamente definido como "um *epíteto* usado para descrever *teorias feministas* que se concentram nas lutas das mulheres *brancas* sem abordar formas distintas de *opressão* enfrentadas pelas mulheres de *minorias étnicas* e mulheres sem outros *privilégios"*.[44]

O feminismo branco se concentra nas lutas das mulheres brancas (geralmente cisgênero) mais do que nas pessoas não brancas. É um feminismo que se preocupa apenas com disparidades e opressão de gênero, e não leva em conta as disparidades e opressões de outras interseções que são igualmente importantes, incluindo raça, classe, idade, capacidade física, orientação sexual, identidade de gênero e assim por diante. Feministas brancas frequentemente pedem às pessoas não brancas que deixem de lado sua raça e seus problemas com o racismo e, em vez disso, se unam na irmandade sob a questão de gênero e do machismo primeiro.

Essa solicitação ignora dois pontos cruciais:

1. As mulheres brancas não precisam considerar as implicações de sua raça porque têm privilégio branco. Raça não é uma identidade em que elas vivem a opressão. Pelo contrário, é uma identidade na qual elas detêm o poder. Pedir às pessoas não brancas que deixem de lado sua raça é pedir para que ajam como se fossem brancas.
2. Pedir às pessoas não brancas que se concentrem no gênero antes da raça é pedir para organizarem suas identidades diferentes em ordem hierárquica. No entanto, como mulher negra, não sou negra e *então* mulher. Sou negra *e* mulher. Ser mulher não pode apagar minha negritude, e minha negritude não pode apagar o feminino em mim. Sob a supremacia branca e o patriarcado, ou o que a autora feminista e ativista bell hooks chama de

43 FEMINISM. *In:* WIKIPEDIA, 2 jun. 2019. Disponível em: <https://en.wikipedia.org/wiki/Feminism>. Acesso em: 20 ago. 2020.

44 WHITE Feminism. *In:* WIKIPEDIA, 3 jun. 2019. Disponível em: <https://en.wikipedia.org/wiki/White_feminism>. Acesso em: 20 ago. 2020.

> "patriarcado capitalista imperialista da supremacia branca",[45] mulheres não brancas sofrem discriminação por causa de nossa raça e gênero. O privilégio da branquitude significa apenas se ver como uma mulher (se essa é a sua identidade de gênero), porque, devido à centralização dos brancos, você é vista como "sem raça".

Mulheres brancas têm a expectativa de que mulheres negras, indígenas e socialmente racializadas em geral (BIWOC, para "Black, Indigenous, and women of color", na sigla em inglês) sejam solidárias na experiência compartilhada de discriminação de gênero, mas, como aponta a *hashtag* viral da escritora Mikki Kendall, #SolidarityIsForWhiteWomen (isto é, #SolidariedaeÉParaMulheresBrancas), a solidariedade branca no movimento feminista não é um fenômeno novo. O movimento feminista ocidental marginalizou as pessoas não brancas desde o seu início.

Nos Estados Unidos, a primeira conferência sobre direitos das mulheres em Seneca Falls, em 1848, não conseguiu abordar o racismo enfrentado pelas mulheres não brancas. Em 1870, em resposta à ratificação da Décima Quinta Emenda, que garantiu o direito de voto para homens de todas as raças, Anna Howard Shaw, presidente da Associação Nacional de Sufrágio de Mulheres, argumentou: "Você colocou a cédula nas mãos dos homens negros, tornando-os, assim, politicamente superiores às mulheres brancas. Nunca antes na história do mundo os homens tornaram os ex-escravos superiores políticos de suas ex-amantes!"[46]

Em 1913, antes do primeiro protesto sufragista realizado em Washington, DC, a sufragista Alice Paul escreveu em resposta à ideia de que mulheres brancas e mulheres negras marchassem juntas: "Na minha opinião, devemos ter um protesto de brancos ou de negros, ou protesto

[45] HOOKS, bell. **We Real Cool: Black Men and Masculinity**. Nova York: Routledge, 2004, p. 57.
[46] WAGNER, Sally Roesch (Org.). **The Women's Suffrage Movement**. Nova York: Penguin, 2019, p. 404.

nenhum."[47] Embora as mulheres brancas tenham conquistado o direito de voto em 1920 quando a Décima Nona Emenda foi ratificada, devido à discriminação racial, mulheres não brancas em algumas partes dos Estados Unidos estavam sujeitas a diversas restrições que praticamente as impossibilitaram de votar até que a Lei dos Direitos de Voto de 1965 fosse aprovada. O movimento feminista, desde o início, é uma extensão da supremacia branca. Ele marginalizou as pessoas não brancas e esperava que as mulheres não brancas se encaixassem no chamado feminismo universal, que, na realidade, é centrado em mulheres brancas. Não é de se admirar, então, que muitas mulheres não brancas achem difícil se ver no movimento feminista, optando por se alinhar ao feminismo negro e ao mulherismo ou não manter nenhuma afiliação ao movimento feminista.

É tentador alegar que esses eventos aconteceram no passado e não têm influência no estado atual do movimento feminista. No entanto, a divisão entre mulheres brancas e as não brancas ainda existe no feminismo hoje. Assim como a supremacia branca continua a prosperar hoje, apesar da concessão de direitos civis, o feminismo convencional continua a excluir e marginalizar mulheres não brancas. E, apesar de as mulheres brancas sofrerem discriminação e opressão sob o patriarcado, mulheres brancas também promovem discriminação e opressão contra mulheres não brancas sob a supremacia branca. Essa é uma verdade difícil de engolir para muitas mulheres brancas, mas, como exploramos extensivamente ao longo deste livro, as mulheres brancas têm todos os privilégios e poder que acompanham sua raça.

Muitas mulheres brancas que se consideram feministas, mas que não se envolvem profundamente com o trabalho antirracista, muitas vezes ficam na defensiva ao serem chamadas de feministas brancas. A atriz Emma Watson compartilhou sua experiência em uma carta para o clube do livro que organiza, *Our Shared Shelf*, quando anunciou o primeiro livro a ser lido em 2018, *Por que eu não converso mais com pessoas brancas sobre raça*, de Reni Eddo-Lodge. Na carta, ela escreveu: "Quando ouvi me

---

[47] ZAHNISER, J.D.; FRY, Amelia R. **Alice Paul: Claiming Power**. Oxford: Oxford University Press, 2014, p. 138.

chamarem de 'feminista branca', não entendi (suponho que provei o que diziam). Qual era a necessidade de me definir — ou qualquer outra pessoa, nesse caso — como feminista por raça? O que isso significava? Eu estava sendo chamada de racista? O movimento feminista estava mais fraturado do que eu havia entendido? Comecei a entrar em pânico."

Depois ela explicou como sua compreensão havia evoluído: "Teria sido mais útil passar um tempo me fazendo perguntas como: de que maneiras me beneficiei por ser branca? De que forma eu apoio e defendo um sistema estruturalmente racista? Como minha raça, minha classe e meu gênero afetam minha perspectiva? Parecia haver muitos tipos de feministas e de feminismo. Mas, em vez de ver essas diferenças como divisórias, eu poderia ter perguntado se defini-las era na verdade empoderador e se trazia uma melhor compreensão. Mas eu não sabia fazer essas perguntas."[48]

COMO O FEMINISMO BRANCO APARECE?

Aqui estão alguns exemplos de feminismo branco em ação:

- As feministas brancas falam sobre a diferença salarial entre homens e mulheres sem fazer referência à diferença salarial entre mulheres brancas e mulheres não brancas.
- As feministas brancas dizem às mulheres não brancas que falar sobre raça é "segregador" e que devemos nos concentrar primeiro em nos unir pelo gênero.
- A espiritualidade feminista branca se apropria culturalmente e branqueia espiritualidades não brancas.
- As feministas brancas apoiaram as mulheres na Marcha das Mulheres de 2017, mas não apoiaram na mesma quantidade as mulheres e pessoas negras nos protestos do Black Lives Matter.

48 WATSON, Emma. First Book of 2018! *Why I'm No Longer Talking to White People about Race* by Reni Eddo-Lodge. **Our Shared Shelf announcements, Goodreads**, 31 dez. 2017. Disponível em: <https://www.goodreads.com/topic/show/19152741-first-book-of-2018-why-i-m-no-longer-talking-to-white-people-about-race>. Acesso em: 20 ago. 2020.

- O feminismo branco ignora amplamente ou desconhece a crise de saúde materna negra dos EUA porque não afeta as mulheres brancas.
- O feminismo branco se concentra nas mulheres líderes brancas, enquanto prejudica e trai as mulheres líderes não brancas.
- O feminismo branco ignora ou exclui as obras inovadoras de líderes feministas negras como Kimberlé Crenshaw, Audre Lorde, bell hooks, Alice Walker, Angela Davis ou outras feministas não brancas.
- O feminismo branco não acredita que as feministas muçulmanas que escolhem usar o *hijab* sejam feministas de verdade.

POR QUE VOCÊ PRECISA OLHAR PARA O FEMINISMO BRANCO?

O feminismo branco é uma extensão da supremacia branca. Ele se preocupa apenas com as mulheres brancas que ganham paridade com os homens brancos e, ao longo da história, demonstrou que impedirá qualquer pessoa que não seja branca de obter essa paridade.

O feminismo branco pede às mulheres não brancas que ignorem sua raça e se concentrem apenas em seu gênero. Durante um discurso na Convenção das Mulheres em Akron, Ohio, em 1851, Sojourner Truth disse: "Aquele homem ali diz que as mulheres precisam de ajuda para subir em carruagens, ser erguidas para passar sobre poças de lama e receber o melhor lugar onde quer que estejam. Ninguém nunca me ajuda a entrar em carruagens, nem a pular poças de lama, nem me dá o melhor lugar! E não sou uma mulher?"[49] Truth estava questionando se sua negritude a tornava menos mulher, porque ela não era tratada da mesma maneira que as mulheres brancas. Por causa da supremacia

---

[49] BURRELL, Barbara C. **Women and Political Participation: A Reference Handbook**. Santa Barbara: ABC-CLIO, 2004, P. 185.

branca, isso continua a ser verdade hoje. Sob o feminismo branco e a supremacia branca, a única maneira de mulheres não brancas obterem paridade com as mulheres brancas seria realizar uma impossibilidade: nos tornarmos sem raça na imaginação branca.

O antídoto para o veneno do feminismo branco e, por extensão, para o da supremacia branca é a interseccionalidade. *Interseccionalidade* é um termo cunhado pela professora de Direito e advogada de direitos civis dra. Kimberlé Crenshaw. É uma estrutura que nos ajuda a explorar a dinâmica entre identidades coexistentes e sistemas de opressão conectados, particularmente no que se refere a gênero e raça e às experiências de mulheres negras. Crenshaw explica que: "A interseccionalidade simplesmente surgiu da ideia de que, se você estiver no caminho de múltiplas formas de exclusão, provavelmente será atingido por ambos. Essas mulheres estão feridas, mas, quando a ambulância da raça e a ambulância do gênero chegam ao local, elas veem essas mulheres não brancas caídas no cruzamento e dizem: 'Bem, não temos como saber se isso era apenas raça ou apenas discriminação de gênero. E, a menos que elas possam nos mostrar qual foi, não podemos ajudá-las.'"[50] A interseccionalidade nos mostra uma maneira de praticar o feminismo que é antirracista. Entretanto, a interseccionalidade não pode ser alcançada sem um compromisso constante e inabalável à prática antirracista.

Embora o termo *feminismo interseccional* seja agora usado para falar sobre a maneira como as pessoas são impactadas por diferentes sistemas de opressão, não apenas discriminação de gênero e discriminação racial, não é exagero dizer que, sem um firme compromisso de centralizar as pessoas não brancas, a interseccionalidade não tem sentido. Como Crenshaw disse durante um discurso na Universidade de Tulane, em 2017: "A [Interseccionalidade] foi gentrificada, no sentido de que as pessoas a quem ela inicialmente foi feita para reconhecer foram expulsas do dis-

[50] THOMAS, Sheila. Intersectionality: The Double Bind of Race and Gender. **Perspectives 2**, 2004. Disponível em: <https://www.americanbar.org/content/dam/aba/publishing/perspectives_magazine/women_perspectives_Spring2004CrenshawPSP.authcheckdam.pdf>. Acesso em: 20 ago. 2020.

curso... [Mulheres não brancas] não podem ser jogadas completamente às margens por uma ideia que pretendia desmarginalizar as margens."[51]

Sugestões para o diário de reflexão

1. Até que ponto sua ideia de feminismo tem sido apenas uma questão de gênero?
2. De que maneiras o seu feminismo já negligenciou ou minimizou os problemas das pessoas não brancas?
3. De que maneiras o seu feminismo já rejeitou, desvalorizou ou simplesmente ignorou as líderes não brancas?
4. De que maneiras seu feminismo se concentrou nas mulheres brancas?
5. Se você é alguém que já se autodenominou feminista interseccional, de que maneira você tem focado nas mulheres não brancas?

[51] FORNOF, Emily; PIERRE, Nile; LOPEZ, Canela. Kimberlé Crenshaw: Race Scholar Speaks on Erasure of Women of Color. **Tulane Hullabaloo**, 4 out. 2017. Disponível em: <https://tulanehullabaloo.com/30450/intersections/kimberle-crenshaw-3/>. Acesso em: 20 ago. 2020.

Dia 23

VOCÊ E OS LÍDERES BRANCOS

"Se não nos desafiarmos a usar nossas plataformas para algo melhor do que nossos nichos ou nossa 'marca', o que estamos fazendo como influenciadores? Se não pudermos ativar nosso público nos momentos em que é importante ou necessário, então para que temos essas plataformas?"

— LUVVIE AJAYI

VOCÊ E OS LÍDERES BRANCOS

Nos últimos 22 dias, você se aprofundou, explorando pensamentos, crenças, comportamentos e motivações supremacistas brancos dentro de si. Nos próximos dias do trabalho, vamos examinar como esses comportamentos se desenrolam nos relacionamentos entre você e outras pessoas com privilégio branco e aquelas que têm um impacto em sua vida. Hoje, vamos analisar sua relação com líderes brancos, especificamente pessoas com privilégio branco em posições de liderança, autoridade e poder com quem você entra em contato.

Exemplos de líderes incluem professores, treinadores, mentores, autores, palestrantes, figuras públicas, a gerência em seu trabalho ou em outras instituições, líderes religiosos, líderes comunitários, líderes de projetos, políticos e assim por diante. Também inclui você, se estiver em uma posição de liderança, e seus colegas que também estiverem nessas posições.

POR QUE VOCÊ PRECISA ANALISAR SEU RELACIONAMENTO COM LÍDERES BRANCOS?

Pessoas com privilégio branco que estão em posições de liderança têm uma grande responsabilidade. Além do privilégio branco que elas já têm, ainda contam com a capacidade de causar um impacto maior no modo como as pessoas não brancas são tratadas, porque sua voz tem mais peso, e sua autoridade significa que às vezes elas têm a capacidade de criar ou influenciar políticas e práticas. Além disso, seja certo ou errado, muitas vezes consideramos as pessoas em posições de liderança como modelos de como estar no mundo.

No entanto, também podemos pedir aos nossos líderes que melhorem. Quando ficar claro para os líderes que seu público, seus funcionários, os membros de sua comunidade e seus eleitores estão insistindo na mudança, não terão outra opção a não ser fazer o trabalho que você está fazendo no momento. Mas, se todo mundo ficar quieto, nada muda. Quanto mais você faz seu trabalho antirracismo, mais poderá influenciar os líderes brancos a fazer o trabalho deles. Quanto mais eles fizerem seu trabalho antirracismo, mais influenciarão outras pessoas com privilégio branco a fazer esse trabalho também.

Sugestões para o diário de reflexão

1. Sabendo o que você sabe agora sobre os comportamentos da supremacia branca nos dias 1 a 22, como reage quando testemunha líderes brancos se comportando das seguintes maneiras:
   a) Quando líderes brancos policiam o tom de pessoas não brancas?
      - *Quando líderes brancos alegam não ver cor?*
      - *Quando líderes brancos usam tropos antinegros ou estereótipos racistas de forma recorrente?*
      - *Quando líderes brancos praticam apropriação cultural?*
      - *Quando os líderes brancos praticam apoio ilusório e bancam o branco salvador?*

   b) Quando você testemunha líderes brancos praticando esses comportamentos, como sua fragilidade branca e silêncio branco impedem você de pedir que eles ajam de forma melhor?

2. Como o seu medo de perder privilégios e conforto impede você de pedir aos líderes brancos que ajam de forma melhor?

3. Até onde você sabe se os líderes brancos que segue estão realizando um trabalho antirracismo mais profundo? Tem sido uma prioridade para você ir além do efeito visual da diversidade?

4. Se você estiver na posição de liderança, como planeja reagir a seus próprios comportamentos enquanto avança? Como você planeja se responsabilizar por agir de modo melhor?

Dia 24

VOCÊ E SEUS AMIGOS

"Não há fada da mudança social. Só há mudanças feitas pelas mãos de indivíduos."

— WINONA LADUKE

VOCÊ E SEUS AMIGOS

Hoje continuaremos a analisar as conexões pessoais que você tem e como reage quando percebe comportamentos supremacistas brancos. Muitas vezes, há relutância em balançar o barco ao alertar ou repreender o racismo quando você o vê, ou você até o faz, mas de modo tão gentil e sutil que é essencialmente ineficaz.

Na reflexão de hoje, não falaremos apenas de seus amigos mais próximos, pois esse pode ser o círculo mais fácil para conversar. Já existe confiança, conexão e entendimento implícito para que alertar/repreender não seja necessariamente recebido como um ataque pessoal (embora possa ser!).

Então, convido você a expressar sua opinião a *todas* as suas amizades e seus círculos de conhecidos. Seus colegas de trabalho. Seus pares. Outros pais de sua comunidade. Outros alunos da sua escola. Outros membros de sua comunidade religiosa. Outros empreendedores em seus círculos de negócios. Outros artistas em seus círculos criativos. Amigos da família. Amigos da pessoa que você namora. Amigos de amigos com quem você passou algum tempo. E assim por diante.

POR QUE VOCÊ PRECISA ANALISAR SEU RELACIONAMENTO COM SEUS AMIGOS?

No tópico do dia anterior, falamos sobre a influência que podemos ter sobre nossos líderes. Essa influência é ainda maior com nossos amigos. Devido à sua proximidade e ao relacionamento com essas pessoas em sua vida, você tem uma possibilidade ainda maior de influenciar se elas se envolvem na prática consciente do antirracismo. Da mesma forma, se você pratica o silêncio branco e a apatia branca, influencia-os a fazer o mesmo.

Sugestões para o diário de reflexão

1. De que maneiras você tem reagido quando testemunha palavras e ações racistas dessas pessoas em sua vida?

2. De que maneiras você tem se calado ou mentalmente inventado desculpas para elas?

3. De que maneiras você achou que não valia a pena o aborrecimento por causa do desconforto de balançar o barco? Ou de que maneiras você tem visto como sua responsabilidade abordar o assunto com os amigos, uma vez que você tem mais influência sobre eles por causa de sua amizade?

4. Há certas pessoas com quem você se sente mais à vontade para conversar sobre esses assuntos do que outras? Por quê?

5. Há certas pessoas com quem você mantém amizade, mesmo que sejam problemáticas e se recusem a mudar?

6. De que maneiras você tem arriscado esses relacionamentos ao apontar/repreender o comportamento racista, mesmo que ninguém lhe agradeça por isso?

7. Como você se sente em relação a seus amigos que não estão realizando o trabalho antirracismo pessoal?

8. Que esforços você fez para convidar seus amigos para fazer o trabalho antirracismo com você?

9. De que maneiras você já permitiu que seus amigos o influenciassem a *não* se envolver no trabalho antirracismo?

Dia 25

VOCÊ E SUA FAMÍLIA

"Ninguém nasce odiando outra pessoa por causa da cor de sua pele ou de sua origem, nem de sua religião. As pessoas aprendem a odiar e, se podem aprender a odiar, podem aprender a amar, pois o amor vem mais naturalmente ao coração humano do que seu oposto."

— NELSON MANDELA

VOCÊ E SUA FAMÍLIA

Iniciarei o tópico deste dia dizendo que *todo mundo* tem questões de família. Todo mundo tem uma dinâmica familiar que varia de sentimentos feridos a traumas e muitos segredos familiares. Portanto, trazer a raça e o racismo a essa dinâmica é muito mais complicado do que com seus amigos ou colegas de trabalho.

No entanto, sua dinâmica familiar única e complexa não isenta você de fazer esse trabalho em seus círculos familiares. Pessoas não brancas também têm dinâmica familiar complicada. E, além disso, elas ainda precisam lidar com o racismo e a supremacia branca.

POR QUE VOCÊ PRECISA ANALISAR SEU RELACIONAMENTO COM SUA FAMÍLIA?

Como no tópico do dia anterior, sua família é onde você exerce uma grande influência. É também o lugar onde você aprendeu — ou não aprendeu — sobre privilégios e supremacia branca. Se você tem filhos, é um lugar onde você exerce grande influência sobre como eles, como pessoas com privilégio branco, praticarão ou não o antirracismo. Muitas vezes, damos muita ênfase à "grande conversa" com seus familiares sobre racismo em eventos anuais como as festas de fim de ano. No entanto, essa não é uma conversa que deve ocorrer uma única vez. É um processo contínuo, que não apenas procura apontar os insultos raciais ou a apropriação cultural, mas também inclui discussões mais profundas sobre contextos históricos e culturais focados na branquitude e nas explorações para desvendar comportamentos sutis, mas igualmente prejudiciais de supremacistas brancos que discutimos neste livro, como daltonismo racial, policiamento de tom, silêncio branco, excepcionalidade branca e assim por diante. Com sua compreensão mais ampla de como as pessoas liberais com privilégio branco também são cúmplices na supremacia branca por não fazerem esse trabalho, você está em uma ótima posição para ajudar os membros de sua família a expandir e aprofundar também seus próprios conhecimentos e práticas em prol do antirracismo.

Sugestões para o diário de reflexão

1. Como você se sente ao falar sobre racismo e crenças e ações da supremacia branca com os membros de sua família?

2. De que maneiras você tem desculpado ou ignorado o comportamento racista de seus familiares porque parece muito difícil e você deseja manter a paz?

3. De que maneiras você já desculpou o racismo dos mais velhos porque eles são "de outra época"?

4. Se você tem filhos, como fala com eles sobre racismo, além de "não vemos cores"? Quantos anos seus filhos tinham/terão quando você falou/falará com eles sobre racismo e privilégio branco? Quantos anos você tinha quando seus pais ou responsáveis falaram com você sobre racismo e privilégio branco?

5. Que crenças racistas de sua família você internalizou?

6. Até que ponto você prioriza o conforto branco acima do antirracismo em sua família?

7. Como você pode começar a ter conversas mais profundas com sua família sobre racismo?

8. De que maneiras você permite que o perfeccionismo atrapalhe as conversas raciais com sua família?

9. De que maneira você organiza ou pode organizar sua família para defender pessoas não brancas em suas comunidades? Não de um ponto de vista de branco salvador, mas de voluntariado e de doação para organizações e movimentos antirracistas liderados por pessoas não brancas em suas comunidades?

Dia 26

VOCÊ E SEUS VALORES

"Nunca se esqueça de que a justiça é como o amor se mostra em público."

— CORNEL WEST

VOCÊ E SEUS VALORES

Agora, restam apenas três dias para este trabalho. No entanto, como você já deve ter percebido, trata-se de um trabalho para toda a vida. Portanto, nestes últimos dias, examinaremos algumas áreas para ajudá-lo a se preparar para continuar seu compromisso após esses 28 dias.

Hoje, vamos analisar você e seus valores. Nossos valores são os princípios e padrões que orientam o modo como vivemos nossas vidas e onde escolhemos aplicar nossa energia. Nossos valores são nosso conjunto pessoal de crenças que determinam nossas ações e o que é mais importante para nós na vida. Com frequência, nossos valores são uma mistura de princípios orientadores que escolhemos para nós mesmos e aqueles que adotamos por meio do condicionamento (social ou religioso).

POR QUE VOCÊ PRECISA ANALISAR SEUS VALORES?

Ter privilégio branco e ser condicionado pelo sistema de supremacia branca significa que você tem alguns valores subconscientes que são de natureza supremacista branca. Na verdade, esses valores podem se chocar com outros valores que você escolheu conscientemente.

Por exemplo, estar condicionado dentro da supremacia branca significa que um dos valores que você provavelmente tem diz respeito à superioridade branca — a ideia de que, como pessoa com privilégio branco, você é mais digno e merece ocupar mais espaço e recursos do que as pessoas não brancas. Ao mesmo tempo, no entanto, você pode ter um valor escolhido que diz acreditar que todas as pessoas são iguais e merecem ser tratadas igualmente. Esses dois conjuntos de valores estão em desacordo e fazem com que você aja de maneiras que contradigam quem você pensa que é e o que acredita que valoriza.

Ao longo deste livro, exploramos essa ideia do que significa ser uma "boa pessoa branca". Até agora, muitos de vocês já perceberam que o apego a essa noção realmente fez mais mal do que bem, pois impediu que você fizesse o trabalho real. Quando você se concentra demais em garantir que outras pessoas saibam que você não é racista, simplesmente continua praticando o racismo por meio de comportamentos como excepcionalidade branca, tokenismo, aliança ilusória e síndrome do branco salvador.

Ao chegar ao final deste livro e examinar seus valores, convido você a definir de forma independente o que significa ser "bom" como pessoa que tem privilégio branco. Convido você a se livrar do desejo de ser visto como bom por outras pessoas e, em vez disso, explorar como é admitir a si mesmo que você é uma pessoa que tem privilégios e que é uma pessoa comprometida em praticar o antirracismo.

Sugestões para o diário de reflexão

1. Até que ponto seus valores ampararam sua capacidade de praticar o antirracismo?

2. Quais são os valores contraditórios que prejudicam sua capacidade de praticar o antirracismo?

3. Que novos valores e crenças centrais você acha que precisa integrar após realizar este trabalho para praticar melhor o antirracismo ao longo da vida?

4. Como seu desejo de ser visto como uma boa pessoa com privilégio branco impediu você de realmente ser "bom"?

Dia 27

VOCÊ E A PERDA DE PRIVILÉGIOS

"A branquitude é uma vantagem e um privilégio porque você a tornou assim, não porque o universo o exige."

— MICHAEL ERIC DYSON, *TEARS WE CANNOT STOP: A SERMON TO WHITE AMERICA*

VOCÊ E A PERDA DE PRIVILÉGIOS

Estamos fechando o círculo agora. Quando você começou este livro, o primeiro dia foi sobre você e o privilégio branco. Nos últimos 26 dias, você explorou o que esse privilégio significa de maneiras como provavelmente nunca fez antes. Você foi capaz de ver como seu privilégio prejudicou as pessoas não brancas.

Você também deve ter começado a perceber que, para que a mudança aconteça, você deve perder parte desse privilégio. Não estou falando de "usar seu privilégio para o bem" como um salvador branco superaliado. Não se trata de resgatar ou salvar as pessoas não brancas, tornando-se uma "voz para os que não têm voz". Estou falando dos privilégios, vantagens e confortos que você deve estar disposto a deixar de lado para que as pessoas não brancas possam ter mais dignidade na vida. O privilégio branco é uma bolha que protege você, recompensa com vantagens que não mereceu, dá a você a crença de que tem o direito de estar em todos os espaços o tempo todo, o impede de defender as pessoas não brancas e dá a você uma sensação de autoridade e poder.

POR QUE VOCÊ PRECISA ANALISAR A PERDA DE PRIVILÉGIOS?

Embora o trabalho que estamos fazendo aqui seja importante para ajudar você a aprofundar sua compreensão e seu conhecimento sobre privilégios e racismo, se você não renunciar a alguns desses privilégios, nada muda.

Ter disposição para perder privilégios tem a ver com:

- Assumir a responsabilidade por sua própria educação antirracista com os recursos gratuitos e pagos já disponíveis ao público, em vez de esperar que pessoas não brancas façam esse trabalho por você.
- Conversar com seus amigos e familiares que têm privilégio branco sobre a prática antirracista.
- Ter conversas raciais com outras pessoas brancas, pessoalmente ou on-line.
- Doar dinheiro para causas, movimentos e organizações que estejam trabalhando em prol da libertação e da dignidade das pessoas não brancas.
- Comprar mais de negócios, empreendimentos e projetos de pessoas não brancas.
- Amplificar as vozes das pessoas não brancas (independentemente de o trabalho delas ser sobre racismo e justiça social).
- Participar de atos e passeatas em prol de pessoas não brancas.
- Alertar ou repreender líderes, organizações e instituições que discriminam e prejudicam pessoas não brancas.
- Continuar a apoiar, mesmo quando você é repreendido, quando sente desconforto ou fadiga, ou quando não é recompensado por isso (social ou financeiramente).

- Ocupar menos espaço e permitir que as pessoas não brancas ocupem mais espaço para que possam ser ouvidas e para que sua liderança possa ser seguida.
- Arriscar relacionamentos e conforto, expressando-se em vez de ficar em silêncio.

Sugestões para o diário de reflexão

1. De que maneira seu privilégio precisará mudar para que você pratique consistentemente o antirracismo?
2. Como você precisará mudar a maneira como ocupa espaço por e com pessoas não brancas?
3. Como você precisará defender de forma diferente as pessoas não brancas?
4. Quais riscos você deve estar disposto a correr? Que sacrifícios você deve estar disposto a fazer?
5. Quais confortos você deve estar disposto a perder?
6. De que maneiras você precisará assumir maior responsabilidade?
7. Como você precisará descentralizar a branquitude e o olhar branco?
8. Como você precisará perder privilégios e segurança em suas amizades, locais de trabalho, empresas, famílias, comunidades religiosas e outros espaços que centralizam a branquitude?
9. Você terá disposição para perder seu privilégio branco depois de tudo o que aprendeu aqui?

Dia 28

VOCÊ E SEUS COMPROMISSOS

"A questão relevante não é se todos os brancos são racistas, mas como podemos levar mais brancos de uma posição de racismo ativo ou passivo para um antirracismo ativo".

— BEVERLY DANIEL TATUM, *WHY ARE ALL THE BLACK KIDS SITTING TOGETHER IN THE CAFETERIA?*

VOCÊ E SEUS COMPROMISSOS

Estamos na reta final deste livro! Mas certamente não é a reta final do trabalho antirracista a ser feito ao longo da vida. Reserve um momento para verificar onde você está agora. Como está se sentindo? Imagino que muitas emoções diferentes estejam passando por você hoje, desde exaustão e tristeza até inspiração, determinação e muito mais. Talvez você tenha mais perguntas do que respostas. É normal. Quando nossas percepções se expandem para ver coisas que nunca vimos antes, é normal querer recriar um sentimento de estabilidade e certeza, encontrando respostas nítidas e sólidas. Entender o ônus do privilégio branco e o que significa ser pessoalmente cúmplice no sistema de supremacia branca é muito para se assimilar.

Carregar esse fardo e aceitar essa verdade de fato é uma parte importante do trabalho que pessoas com privilégio branco devem fazer.

As pessoas não brancas têm aguentado o fardo de como é ser oprimido e marginalizado por toda a vida, há gerações de ancestrais. A tristeza, a raiva e a confusão que você está sentindo também fazem parte do trabalho. Sem esses sentimentos, nada muda, porque não há razão para curar o que não parece ferido.

Convido você a não fugir da dor, mas permitir que ela abra seu coração. Tentativas superficiais de curar o racismo, como daltonismo racial, tokenismo e síndrome do branco salvador, protegem você de ter que sentir essa dor. Fazer o trabalho interno e entrar na verdade destrói todas as mentiras e os jogos,·dando a você uma oportunidade verdadeira de criar mudanças. Não há segurança neste trabalho. Não existe uma maneira limpa, confortável ou conveniente de desmantelar um sistema violento de opressão. Você deve arregaçar as mangas e enfiar as mãos na terra imunda e fértil.

O que você descobriu nos últimos 27 dias não pode mais ser escondido. Não dá mais para fechar os olhos. Você não pode desver e desconhecer o que agora vê e conhece. Se optasse por fazê-lo, estaria em situação pior do que quando iniciou este trabalho no dia 1.

Agora que chegamos ao final deste livro, a pergunta é: como você permanecerá comprometido a partir do dia 29 em diante? Essa é, na verdade, uma questão que quero que você pense em fazer a si mesmo diariamente, porque todos os momentos de aprendizado e percepção no mundo não significam nada se não forem seguidos por ações comprometidas de mudança.

Há dois dias, analisamos seus valores, e ontem vimos o que você se dispõe a perder em termos de privilégio. Hoje, vamos analisar quais compromissos você pode assumir agora para praticar o antirracismo ao longo da vida.

Por favor, veja que não estou falando de fazer promessas. Você não pode fazer promessas que inevitavelmente não cumprirá. É mesmo inevitável, porque ser humano é cometer erros, esquecer e querer voltar ao que é conhecido, seguro e confortável (e o privilégio branco é uma grande fonte de conforto e segurança). No entanto, o que você pode fazer é se comprometer e tomar medidas em relação a esses compromissos. Você pode se dedicar diariamente e agir diariamente. Portanto, mesmo quando você escapa, esquece e volta a velhos hábitos e comportamentos supremacistas brancos, pode se comprometer outra vez e começar de novo. O antirracismo não tem nada de perfeccionismo. O que importa é a intenção de ajudar a criar mudanças e o compromisso consistente de continuar aprendendo, continuar defendendo e continuar fazendo o necessário para que pessoas não brancas possam viver com dignidade e igualdade.

Sugestões para o diário de reflexão

1. Escreva três ações concretas e fora da zona de conforto que você se comprometerá a tomar nas próximas duas semanas contra o antirracismo.

   Podem ser conversas desconfortáveis que você precisa ter, mudanças significativas e necessárias em sua vida, alguém que precisa alertar/repreender, desculpas sinceras que precisa pedir, anúncios que você precisa fazer, organizações para as quais você precisa começar a trabalhar de modo voluntário etc. Torne essas ações o mais *específicas* possível (o que/onde/quando/como/quem/por que) e também deixe explícito como você será responsabilizado por essas ações (por exemplo, escolha e notifique um parceiro de responsabilidade).

2. A partir de hoje e na próxima semana, comece a anotar seus compromissos com este trabalho.

   Elabore uma declaração de compromisso que você possa consultar todos os dias e especialmente nos dias em que esquecer, cometer erros ou começar a voltar à apatia branca. Seus compromissos não são o que você vai *tentar* fazer ou *espera* fazer, mas o que você *vai* fazer.

   Para elaborar este documento, analise todos os dias deste trabalho e lembre-se das maneiras pelas quais você causou danos e as formas pelas quais você se comprometeu a mudar. Pense naquilo com que você está disposto a comprometer-se em sua vida pessoal e familiar, em suas amizades, em sua vida profissional e na comunidade. Use uma ou todas as sugestões a seguir para ajudá-lo a elaborar sua declaração de compromisso:

   - Eu me comprometo a praticar o trabalho antirracista ao longo da vida porque...

- Eu me comprometo a desafiar minha fragilidade branca da seguinte maneira...
- Eu me comprometo a usar minha voz para o trabalho antirracista da seguinte maneira...
- Eu me comprometo a desafiar o racismo em outras pessoas com privilégio branco da seguinte maneira...
- Eu me comprometo a elevar, apoiar e posicionar as pessoas não brancas no centro da questão da seguinte maneira...
- Eu me comprometo a apoiar financeiramente os seguintes movimentos e causas de pessoas não brancas...
- Eu me comprometo a sair do centro como uma pessoa com privilégio branco da seguinte maneira...
- Eu me comprometo a continuar minha educação antirracista ao longo da vida da seguinte maneira...
- Eu me comprometo com os seguintes valores que me ajudarão a praticar o antirracismo...
- Eu me comprometo a romper minha apatia branca da seguinte maneira...
- Eu me comprometo a agir mesmo quando eu cometer erros da seguinte maneira...
- Eu me comprometo a usar meu privilégio branco contra o racismo da seguinte maneira...
- Eu me comprometo a desafiar minha aliança ilusória da seguinte maneira...
- Eu me comprometo a ser um bom ancestral da seguinte maneira...

Compromissos são fortes declarações de solidariedade e ação. Eles não são garantias de que você realmente fará o trabalho, mas ajudarão a lhe dar foco para que você saiba o trabalho que deve fazer. Comprometa-se com este trabalho ao longo da vida. Anote-o e viva sua vida de acordo.

Para garantir que a sua declaração de compromisso não seja da boca para fora e que venha acompanhada de uma ação, mantenha-a em algum lugar onde possa vê-la todos os dias. Não a deixe apenas em seu diário. Exponha esta declaração em sua casa e/ou ambiente de trabalho, onde poderá acessá-la todos os dias e se lembrar daquilo com o que se comprometeu. Se estiver trabalhando neste livro com seus parentes, pense também em criar uma declaração de compromisso familiar.

Para criar responsabilidade, compartilhe sua declaração de compromisso com uma ou mais pessoas em sua vida que também estejam comprometidas com o trabalho de mudança social e antirracismo. Um deve cobrar do outro um posicionamento conforme as maneiras com as quais se comprometeu. Um não deve deixar o outro voltar aos comportamentos que exploramos neste livro.

Lembre-se: Você não precisa escrever tudo hoje. Comece hoje, mas continue nos próximos dias, semanas, meses e anos. Sua declaração de compromisso não é um documento imutável. Trate-a como uma declaração viva, que respira, evolui e se aprofunda, que reflete seu crescimento neste trabalho e seu compromisso com o antirracismo como uma prática ao longo da vida.

Não há fim
Para o que um mundo vivo
Exigirá de você.

Semente da Terra: O livro dos
vivos I, Versículo 21

Octavia Butler, *A parábola do semeador*[*]

[*] Tradução de Carolina Caires Coelho. Editora Morro Branco, 2018.

E agora?

CONTINUAÇÃO DO TRABALHO APÓS O DIA 28

Após 28 dias de diário de reflexão e exploração interior, você agora tem uma base sólida para continuar avançando na sua prática antirracista. Além disso, você também tem um recurso extremamente valioso — seu diário de escrita, no qual desenvolveu as questões de cada dia. Sua escrita revelou o que você precisava ver sobre sua participação e seu relacionamento com a supremacia branca. O que você fará com este diário?

Mantenha-o com você e consulte-o sempre que precisar reexaminar como a supremacia branca aparece para você. Reconheça também que este diário lhe deu uma primeira camada de revelações. Existem muitas outras camadas pela frente. À medida que sua consciência se expandiu para se tornar mais consciente de como (e não *se*) o racismo acontece, você verá ainda mais como a supremacia branca se desenrola dentro de você e na sociedade. Para chegar a essas camadas mais profundas e se desenvolver ainda mais, compre um novo diário e, quando estiver pronto, comece os 28 dias novamente. Use este livro como um recurso para assumir a responsabilidade de fazer seu próprio trabalho. Veja isso como uma ferramenta na sua mochila antirracismo metafórica.

DICAS DE APOIO PARA VOCÊ CONTINUAR A TRABALHAR

- Retorne às sugestões do diário de reflexão várias vezes, conforme necessário. Sempre vá mais fundo. Aprofunde-se para poder causar menos danos.
- Procure educadores e professores antirracistas. Participe de suas aulas, cursos, oficinas e eventos. Autorreflexão é importante, mas não é suficiente. Coloque-se em espaços onde possa aprender diretamente com educadores antirracistas.
- Faça com que a curadoria de sua educação antirracista e suas ações subsequentes sejam de sua responsabilidade. Encontre artigos, podcasts, livros, publicações e outros recursos para expandir sua compreensão da opressão histórica e atual. Faça da aprendizagem sobre o antirracismo ao longo da vida um dos seus valores. Confira a seção Recursos no final deste livro como ponto de partida.
- Participe de reuniões, comícios, marchas e eventos de captação de recursos para pessoas não brancas. Participe, ponto final.
- Apoie financeiramente grupos, organizações sem fins lucrativos e candidatos políticos que estejam trabalhando arduamente pelos direitos das pessoas não brancas.
- Eleve, centralize, pague e dê atenção a líderes e professores que sejam pessoas não brancas.
- Honre seus compromissos de viver a vida com integridade pelos seus valores antirracistas. Viva esses compromissos diariamente.

PASSANDO DO PESSOAL PARA O SISTEMÁTICO

O trabalho interno que você tem feito para examinar, refletir, mudar e agir de maneira diferente é apenas um pedaço do trabalho para desmantelar a supremacia branca. Para que mudanças concretas aconteçam, você também deve desafiar os sistemas e trabalhar para criar mudanças estruturais, destruindo a supremacia branca tanto institucionalmente quanto em nível pessoal. É difícil imaginar como seria um mundo sem supremacia branca. Um mundo em que as pessoas não brancas vivem com o mesmo nível de dignidade e humanidade que os brancos. No entanto, devemos continuar trabalhando para isso. A supremacia branca é o paradigma que passamos a aceitar como normal, mas normal não é sinônimo de certo. Nunca foi.

Embora o trabalho pessoal antirracista seja apenas um lado do desmantelamento da supremacia branca, é incrivelmente importante. Os sistemas só mudam se as pessoas que os sustentam mudarem, e cada pessoa é responsável por sustentar o sistema. Portanto, é de sua responsabilidade — dentro de si, em suas comunidades, instituições de ensino, corporações e instituições governamentais — o trabalho que você pode fazer todos os dias para criar a mudança de que o mundo precisa, transformando-o por dentro.

UMA OBSERVAÇÃO FINAL

Comecei este livro falando sobre meu propósito, que é me tornar uma boa ancestral. Deixar este mundo em uma situação melhor do que aquela na qual eu o encontrei, para meus filhos e para todos os outros que são e que serão impactados por eu estar aqui no planeta hoje. Ao encerrarmos nosso tempo juntos, quero falar com o bom ancestral que está dentro de você, a pessoa dentro de você que chegou a este livro com perguntas sobre o desmantelamento da supremacia branca e que sai deste livro sabendo que *você* é parte do problema e que, *ao mesmo tempo*, também faz parte da resposta. Há grande poder e responsabilidade nesse conhecimento, mas o conhecimento sem ação não tem sentido.

Para desmantelar esse sistema de opressão e marginalização que machucou tantos por tantas gerações, precisamos de todos nós. Ao criar um novo mundo, a contribuição de todos é importante. Como alguém que tem privilégio branco, sua contribuição para este trabalho é de extrema importância. Não importa quem você é, você tem o poder de influenciar as mudanças no mundo. Os efeitos de suas ações, escolhidos conscientemente ou não, afetarão todos que entrarem em contato com você e o que você criar no mundo enquanto estiver vivo. Você pode continuar inconscientemente permitindo que a supremacia branca use você da mesma forma que usou seus ancestrais, para causar um impacto de dano e marginalização a pessoas não brancas. Ou você pode intencionalmente optar por interromper e desmantelar a supremacia branca dentro de si e de suas comunidades, para que as pessoas não brancas possam viver livres de racismo e opressão.

A escolha é sua. O momento é agora.

Ajude a mudar o mundo. Torne-se um bom antepassado.

ANEXO

TRABALHAR EM GRUPOS: CLUBES DE LEITURA DE *EU E A SUPREMACIA BRANCA*

Quando criei e executei o desafio *Eu e a supremacia branca*, não sabia que ele se tornaria viral. Eu não sabia que acabaria por transformá-lo em um manual gratuito ou que acabaria se tornando este livro que você tem em suas mãos. Eu não sabia que haveria uma grande demanda de pessoas que desejariam saber como refletir sobre as questões propostas para o diário em ambientes familiares, comunitários, acadêmicos e profissionais. Enquanto escrevia este livro, uma das perguntas que surgiram várias vezes foi: "Haverá instruções sobre como ler o livro em grupo?"

Quando originalmente concebi o processo de desafio de 28 dias, era projetado como uma atividade pessoal de autorreflexão. Ao analisar a questão de como implementar esse trabalho pessoal em um ambiente de grupo, eu sabia que não queria reinventar a roda. Não queria ter que projetar um processo completamente novo. Então, em vez disso, procurei um que pudesse funcionar com o livro. Como parte de minhas pesquisas, eu sabia que queria encontrar um processo que fosse:

- Testado ao longo do tempo.
- Não hierárquico.
- Estruturado, mas flexível.
- Capaz de ser usado com grupos grandes ou pequenos, íntimos ou comerciais, virtuais ou pessoalmente etc.
- Simples e fácil de implementar, mas poderoso.

Era muito importante para mim que o processo recomendado para grupos não perpetuasse a dinâmica da força opressora. Também era muito importante para mim que eu pessoalmente considerasse o processo valioso, de modo que me sentisse à vontade para recomendá-lo. Ao pesquisar maneiras de conversar sobre a supremacia branca, encontrei o trabalho de Christina Baldwin e Ann Linnea chamado *The Circle Way*. Agora, aposentadas, elas passaram cuidadosamente o trabalho de sua vida para um coletivo encontrado na internet (em inglês) em thecircleway.net. Sob a licença Creative Commons Attribution 3 desse site, incluí informações básicas para usar os princípios e práticas do The Circle Way.

O QUE É THE CIRCLE WAY?

The Circle Way é uma estrutura para conversas profundas e resultados sábios, com base em uma metodologia criada por Christina Baldwin e Ann Linnea em 1992 e totalmente explicada no livro de 2010, *The Circle Way: A Leader in Every Chair* [*O método do círculo: Um líder por cadeira*]. Baldwin e Linnea descrevem The Circle Way como um processo que reúne as pessoas de forma circular, com os participantes na borda e o objetivo no centro. Cada pessoa tem uma voz e todos podem ver e ouvir uns aos outros. Os acordos e práticas sociais ajudam a facilitar conversas respeitosas. O processo é simples de usar, mas poderoso em seu impacto. O processo do The Circle Way não é hierárquico e apoia um líder em cada cadeira. Todo mundo que faz parte do círculo é responsável por manter a estrutura, a energia e o propósito.

Além disso, The Circle Way se presta bem à prática antirracista e à mudança da justiça racial. O site do The Circle Way afirma que "à luz desses tempos, The Circle Way reafirma a prática essencial de sentar-se na borda e virar-se para defender a justiça racial, étnica, de gênero, econômica e ambiental".[52]

---

[52] Disponível em: <http://www.thecircleway.net/>. Acesso em: 25 ago. 2020.

O livro do método explica que "temos a oportunidade no processo circular de curar nossas histórias antigas e criar novas histórias que levam a ações diferentes e criam um mundo diferente. Esta é a tarefa essencial dos nossos tempos! Compreender o poder da história e o protagonista do círculo nos dá habilidades para a vida que têm um potencial profundamente transformador. Podemos criar o mundo de que precisamos e alinhar nossas ações à nossa visão. Foi isso o que nossos ancestrais fizeram no fogo, e, se quisermos nos tornar ancestrais para gerações futuras, é isso o que faremos hoje".[53]

POR QUE VOCÊ PRECISA USAR UM DETERMINADO PROCESSO PARA TRABALHAR COM ESTE LIVRO EM GRUPOS?

É importante para mim que as pessoas que leiam este livro tenham a capacidade de fazê-lo em ambientes de grupo, se assim o desejarem. No entanto, existem muitos riscos envolvidos ao deixar ao acaso o formato de como esses grupos devem ser implementados. Se deixado ao acaso, é altamente provável que os comportamentos supremacistas muito discutidos neste livro comecem a tomar conta da conversa.

Sem orientação, instrução e estrutura firmes, a seguinte situação poderia ocorrer:

- Falta de intenção ou propósito explícito de se reunir como um grupo.
- Falta de estrutura para manter a conversa, onde todos podem falar com tempo e foco iguais.
- Falta de acordo e diretriz para o que será e o que não será permitido durante as reuniões do círculo, levando a um possível

[53] BALDWIN, Christina; LINNEA, Ann. **The Circle Way: A Leader in Every Chair**. São Francisco: Berrett-Koehler Publishers, 2010, p. 144.

caos por meio da fragilidade branca, centralidade branca, excepcionalidade branca etc.

- Formação de estrutura hierárquica em que algumas pessoas do círculo sejam capazes de dominar outras, se falarem mais alto, forem mais fortes, vistas como "mais avançadas" no trabalho etc.
- Falta de foco e estrutura que leva à distração e ao desvio, transformando a reunião em um simples encontro social.
- Falta de nitidez sobre a intenção do círculo, tendo, assim, certos membros do círculo que não estejam prontos ou dispostos a trabalhar, comprometendo o propósito de se reunir no círculo, para começo de conversa.
- Todos os itens acima e mais, levando o trabalho do *Eu e a supremacia branca* a ser minimizado, tokenizado, minado e, finalmente, desperdiçado.

É por esses motivos que peço que o formato recomendado para realizar o trabalho do *Eu e a supremacia branca* em grupo seja The Circle Way.

Se realmente quiser organizar um grupo de leitura em torno de *Eu e a supremacia branca*, o melhor lugar para achar um guia completo é o livro *The Circle Way*. O livro responderá à maioria das perguntas que você tiver sobre como criar e conduzir um grupo de leitura de *Eu e a supremacia branca*.

No entanto, você não precisa ler o livro para organizar um círculo. As autoras do livro e fundadoras do processo criaram generosamente muitos recursos gratuitos e pagos no site The Circle Way. Na página Recursos do site, você encontrará livros, vídeos, diretrizes da The Circle Way (que no momento em que este livro está sendo escrito estão disponíveis em catorze idiomas, inclusive português),* perguntas sobre o formato, folhetos (incluindo o muito útil *The Circle Way Pocket Guide* [*Guia de bolso* The Circle Way]), histórias e dicas de estudo de caso, ma-

* As diretrizes em português estão disponíveis no link <https://static1.squarespace.com/static/55597e72e4b0f7284bff49e0/t/595446d1a5790a1569e0b539/1498695378916/TCW+Guidelines+Portuguese.pdf> (N. do E.).

pas de aprendizado e artigos. Com esses recursos, você terá ferramentas suficientes para entender como o The Circle Way funciona e como criar um grupo de leitura de *Eu e a supremacia branca* com base no processo do The Circle Way.

ORIENTAÇÕES PARA O THE CIRCLE WAY

Para fins de clareza, incluo a seguir um breve resumo das diretrizes básicas do processo The Circle Way. Essas diretrizes foram extraídas dos livros *Calling the Circle: The First and Future Culture* [*Abrindo o círculo: A primeira e futura cultura*] de Christina Baldwin e *The Circle Way*. O trecho a seguir e o diagrama circular foram retirados das diretrizes do The Circle Way, que podem ser encontradas no site. O PDF básico das diretrizes do The Circle Way reúne, em um documento de duas páginas e fácil de entender, a arte de organizar um círculo. Eu recomendo baixar o documento em si e estudar todos os recursos no site The Circle Way para compreender ainda melhor como o método funciona. Christina Baldwin e Ann Linnea criaram generosamente uma infinidade de recursos para ajudar você a entender e usar o processo circular.

Se seus desejos como organizador de círculo e/ou participante forem realmente honrar o trabalho que estou oferecendo neste livro, consulte todos os materiais disponíveis com cuidado e em detalhes para criar o melhor espaço possível para realizar o trabalho.

Aprecio o espírito de generosidade do The Circle Way ao permitir que as pessoas acessem suas informações e práticas. Sua inclusão aqui não indica endosso. Recomendo aos leitores que explorem o site The Circle Way para encontrar outros materiais disponíveis e que leiam o livro *The Circle Way: A Leader in Every Chair*.

TRECHO DE "THE CIRCLE WAY: BASIC GUIDELINES FOR CALLING A CIRCLE" ["THE CIRCLE WAY: DIRETRIZES BÁSICAS PARA ABRIR UM CÍRCULO"]

Componentes do círculo

O que transforma uma reunião em um círculo é a disposição das pessoas de passar da socialização informal ou da discussão opinativa para uma atitude receptiva de fala e escuta profunda que incorpora as práticas e estruturas descritas aqui.

Intenção

A intenção molda o círculo e determina quem participará, por quanto tempo o círculo se reunirá e que tipos de resultados são esperados. O interlocutor do grupo aproveita o tempo para articular intenção e convite.

Ponto de partida ou boas-vindas

Depois que as pessoas se reúnem, é bom que o anfitrião, ou um participante voluntário, inicie o círculo com um gesto que muda a atenção das pessoas de espaço social para espaço de encontro. Esse gesto de boas-vindas pode ser um momento de silêncio, a leitura de um poema ou a audição de uma música — o que for mais convidativo.

Definir o centro

O centro de um grupo é como o centro de uma roda: todas as energias passam por ele e mantêm a borda unida. Para ajudar as pessoas a lembrar como a união ajuda o círculo, o centro de um círculo geralmente contém objetos que representam a intenção do círculo. Qualquer símbolo que atenda esse propósito ou acrescente beleza serve: flores, uma tigela ou cesta, uma vela.

Recepção / Saudação

A recepção ajuda as pessoas a entrarem no estado de espírito adequado para o encontro e lembra a todos do seu compromisso com a intenção expressada. Ela garante que as pessoas estejam realmente presentes. O compartilhamento verbal, especialmente de uma breve história, tece a rede interpessoal. A recepção geralmente começa com um voluntário e prossegue ao redor do círculo. Se um indivíduo não está pronto para falar, a vez é passada e outra oportunidade é oferecida depois que os outros falam. Às vezes, as pessoas põem objetos individuais no centro como maneira de representar sua presença e seu relacionamento com a intenção.

Protetor

A ferramenta mais importante para auxiliar a autogovernança e trazer o círculo de volta à intenção é o papel de protetor. Um membro do círculo é voluntário para vigiar e proteger a energia do círculo e observar o processo. O protetor geralmente emprega um barulho suave, como um sino, uma campainha ou um chocalho, que sinaliza para que todos parem de agir, respirem fundo, descansem em um espaço de silêncio. O protetor faz esse sinal novamente e diz por que pediu uma pausa. Qualquer membro pode pedir uma pausa.

Estabelecimento de acordos

O uso de acordos permite que todos os membros tenham uma troca livre e profunda, respeitem a diversidade de pontos de vista e compartilhem responsabilidades pelo bem-estar e direção do círculo.

Os acordos frequentemente usados incluem:

- Mantemos todas as histórias ou os conteúdos pessoais em sigilo.
- Ouvimos um ao outro com compaixão e curiosidade.
- Pedimos o que precisamos e oferecemos o que podemos.
- Concordamos em estabelecer um protetor de grupo para observar nossas necessidades, nosso tempo e nossa energia.
- Concordamos em fazer um intervalo quando um sinal for dado, ao sentirmos a necessidade de uma pausa.

Três princípios

1. A liderança gira entre todos os membros do círculo.
2. A responsabilidade é compartilhada pela qualidade da experiência.
3. A confiança é na totalidade, e não em motivações pessoais.

Três práticas

1. Fale com intenção: notando o que é relevante para a conversa no momento.
2. Ouça com atenção: respeite o processo de aprendizagem de todos os membros do círculo.
3. Cuide do bem-estar do círculo: permanecendo ciente do impacto de nossas contribuições.

Formas de direcionamento

1. O ato de expor cada ponto de vista costuma ser parte da recepção, do encerramento e pode ser eficaz sempre que houver desejo de desacelerar a conversa, reunir todas as vozes e contribuições, e ser capaz de falar sem interrupção.
2. A conversa costuma acontecer quando são necessárias reação, interação e interjeição de novas ideias, pensamentos e opiniões.
3. A reflexão, o momento silencioso, dá a cada membro tempo e espaço para refletir sobre o que está ocorrendo ou precisa ocorrer no decorrer de uma reunião. O silêncio pode ser pedido para que cada pessoa reflita sobre o papel ou o impacto que está exercendo sobre o círculo, ou para ajudar o círculo a se realinhar com sua intenção, ou para que uma pergunta seja analisada até que haja clareza.

Encerramento e despedida

No final de uma reunião do círculo, é importante reservar alguns minutos para cada pessoa comentar sobre o que aprendeu ou o que permanece em seu coração e mente ao partir. Fechar o círculo fazendo o encerramento fornece um fim formal para a reunião, um momento para os membros refletirem sobre o que aconteceu e buscarem objetos se eles os deixaram no centro.

À medida que as pessoas mudam do espaço de encontro para o espaço social ou para um tempo a sós, elas se libertam da intensidade da atenção que estar no círculo exige. Muitas vezes, após o encerramento, o anfitrião, o protetor ou outro voluntário diz algumas palavras inspiradoras de despedida ou pede alguns segundos de silêncio antes de o círculo ser dispensado.

CONSIDERAÇÕES IMPORTANTES PARA QUANDO ESTIVER PRONTO PARA CRIAR E ORGANIZAR UM GRUPO DE LEITURA DE *EU E A SUPREMACIA BRANCA*

- Antes de fazer qualquer anúncio para criar um círculo, analise todos os recursos mencionados até aqui e estude-os minuciosamente. Entenda as diretrizes e a estrutura básicas do processo antes de qualquer ação externa.
- Esclareça sua intenção e seu propósito declarado para o círculo. Não deixe ao acaso. Escreva o seu propósito declarado e mantenha-o em evidência em todas as reuniões.
- Use o discernimento e a intenção para convidar os membros certos para fazer parte do círculo. Nem todo mundo está disposto a fazer este trabalho. Nem todo mundo está disposto a seguir a estrutura do círculo ou deixar de lado a fragilidade branca para fazer parte de algo maior. Analise se as pessoas que você está convidando para fazer parte do círculo estão prontas para realmente se esforçar.
- Decida seu formato para o círculo — será presencial ou virtual? Embora o The Circle Way seja descrito como um grupo de encontros presenciais, participei de círculos que se encontram pela internet e seguem o processo The Circle Way. Com a intenção e o foco certos, isso pode ser bem-feito.
- **Outras considerações:**
    - Com que frequência o círculo se encontrará?
    - Quando e onde vocês se encontrarão?
    - Vocês abordarão um dia do diário por reunião ou agruparão alguns dias para abordar nos encontros?
    - Quanto tempo durará a reunião?
    - Quantos minutos cada pessoa terá para expor seu ponto de vista?
    - Você fará um registro durante as reuniões ou apenas falará sobre o que registrou antes da reunião?

- Pense com cuidado em todo o formato do círculo. É importante fazer o máximo de trabalho de preparação possível, para que, quando você estiver em um círculo, as coisas corram bem, as expectativas sejam explícitas e o impacto seja forte.
- Faça acordos muito nítidos para o círculo. No *The Circle Way Pocket Guide* (que também pode ser encontrado gratuitamente no site The Circle Way), os acordos são descritos como possibilidades de uma "rede de segurança interpessoal para a participação nas conversas que estão prestes a ocorrer. Em um círculo onde você pratica liderança rotativa e responsabilidade compartilhada, os acordos estabelecem o que as pessoas podem esperar umas das outras e o que provavelmente acontecerá nas trocas entre elas". Faça acordos explícitos sobre como o círculo será conduzido, qual comportamento será e não será permitido, como vocês se desafiarão a se aprofundar no trabalho, como respeitarão os limites uns dos outros etc. Seja o mais específico possível. Os acordos iniciais antes de começar o trabalho podem ajudar a minimizar os riscos de desvio e caos que mencionei anteriormente.
- Seja intencional e consistente em seguir os três princípios (liderança rotativa, responsabilidade compartilhada e confiança na totalidade) e as três práticas (fala intencional, escuta atenta e atenção ao bem-estar do círculo) do The Circle Way.
- Tenha papéis explícitos designados para cada reunião, com clareza sobre quem é o anfitrião, o protetor e o escrevente de cada vez.
- Não deixe o grupo se tornar apenas um círculo social ou tempo para passar com seus amigos. Façam a reunião com intenção, mantenham-na sempre que se encontrarem e não se distraiam nem se desviem.
- Não fique apático ou se parabenize demais no círculo. Não permita que a fragilidade branca assuma o controle.
- Entenda que, mesmo com todos esses freios e contrapesos, ainda é possível que os comportamentos da supremacia branca se infiltrem (centralidade, domínio, fragilidade etc.). Trabalhe com

afinco para desafiá-los dentro de si e dos outros. Isso também faz parte do trabalho.

- Entenda que, independentemente de você ter uma função atribuída ou não no círculo, cada membro dele é um líder. Assuma responsabilidade. Não deixe o sucesso do círculo para uma ou duas pessoas. Trabalhem juntos como um grupo para garantir o melhor resultado possível, considerando que o melhor resultado possível é, ao fazer esse trabalho, se dedicar melhor às pessoas não brancas.

Perguntas frequentes

Podemos cobrar financeiramente das pessoas que frequentam os círculos de leitura de *Eu e a supremacia branca*?

Nenhum facilitador que organize círculos de leitura de *Eu e a supremacia branca* deve usá-los para obter lucro. No entanto, não há problema em cobrar dos participantes para cobrir os custos do espaço, se o círculo for organizado em um local alugado. Os preços dos ingressos devem cobrir apenas os custos e não o tempo ou a energia gastos para hospedar ou facilitar o círculo.

Podemos pedir a pessoas não brancas para se juntarem aos círculos de leitura de *Eu e a supremacia branca*?

Esse trabalho tem um custo emocional considerável para as pessoas não brancas, e o trabalho não é para elas — é para pessoas com privilégio branco. Se pessoas não brancas quiserem participar do círculo, tudo bem. No entanto, não se espera que elas façam o trabalho de registro no diário, apoiem o processamento emocional ou sejam chamadas a ensinar ou explicar se não desejarem fazer isso. O ideal é que elas estejam lá como observadoras, e limites e políticas claros devem ser estabelecidos para garantir que não realizem trabalho emocional e não sejam prejudicadas por agressões raciais.

Podemos contratar pessoas não brancas para organizar círculos de leitura do livro *Eu e a supremacia branca* para nos manter comprometidos?

Como o processo *Eu e a supremacia branca* é propriedade intelectual protegida, não é permitido contratar ninguém, exceto Layla Saad ou qualquer pessoa licenciada por Layla Saad, para liderar o processo. The Circle Way não é um processo que requer um líder, mas um processo que apoia um líder em todas as posições. Não é preciso nenhum facilitador contratado como palestrante em um círculo de leitura do livro *Eu e a supremacia branca*.

Recursos

GLOSSÁRIO

AAVE: inglês afro-americano.

Aliança ilusória: a ilusão visual de apoio sem o trabalho real de apoio. Também conhecida como *aliança performativa* ou *teatro de aliados*.

Antinegritude: ser oposto ou hostil às pessoas negras. A antinegritude ou o racismo antinegro podem ser encontrados em todo o mundo.

Apatia branca: o sentimento — nutrido por pessoas com privilégio branco — de apatia, indiferença, desinteresse, desapego, desdém e desrespeito em relação ao racismo.

Apropriação cultural: um tipo moderno de colonização que envolve a apropriação e, algumas vezes, a comercialização de práticas culturais, tradições espirituais, estilos de cabelos e moda, estilos de fala e outros elementos culturais. A apropriação cultural acontece quando há um desequilíbrio de poder e privilégio — uma cultura dominante ou privilegiada se apropria de uma cultura não dominante ou marginalizada. A apropriação cultural não funciona ao contrário. Pessoas não brancas não podem se apropriar dos brancos, porque as pessoas não brancas não detêm poder e privilégio coletivo sobre os brancos.

***Blackface* digital:** no mundo digital, o uso de emojis, GIFs e memes apresentando pessoas negras por pessoas que têm privilégio branco.

***Blackfishing*:** o uso de bronzeamento artificial e maquiagem por pessoas com privilégio branco para tornar a pele mais escura e dar a impressão de que são de ascendência africana. Uma forma moderna de *blackface*.

Centralidade branca: a centralização da branquitude e de pessoas brancas, valores brancos, normas e sentimentos brancos sobre tudo e todos. A crença, consciente ou não, de que a branquitude é "normal" e de que as pessoas não brancas são os "outros".

Círculo de leitura do livro *Eu e a supremacia branca*: baseado no The Circle Way, trata-se de estrutura e metodologia preferidas e recomendadas para trabalhar com o livro *Eu e a supremacia branca* em grupo.

Cisgênero: um termo para pessoas cuja identidade de gênero corresponde ao sexo biológico ao qual foram designadas no nascimento.

Colorismo: um termo cunhado pela autora Alice Walker em seu livro *In Search of our Mothers' Gardens* [*Em busca dos jardins de nossas mães*]. Walker definiu o colorismo como o "tratamento prejudicial ou preferencial de pessoas da mesma raça com base apenas em sua cor".[54] O colorismo é o contexto em que tratamento prejudicial é dado a pessoas negras e socialmente racializadas em geral de pele mais escura, ao passo que tratamento preferencial é dado a pessoas negras e socialmente racializadas em geral de pele mais clara.

---

[54] WALKER, Alice. **In Search of Our Mothers' Gardens**. Orlando: Harcourt Inc., 1983, p. 290.

Excepcionalidade branca: a crença de que pessoas com privilégio branco estão isentas da supremacia branca. A crença de ser "um dos bonzinhos".

Feminismo branco: uma vertente do feminismo que se concentra na luta das mulheres brancas. É o feminismo que se preocupa apenas com disparidades e opressão de gênero (geralmente cisgênero), mas não leva em conta as disparidades e opressões de outras interseções que são igualmente importantes, incluindo raça, classe, idade, deficiência, orientação sexual, identidade de gênero etc.

Fragilidade branca: uma frase cunhada pela autora Robin DiAngelo, definida como "um estado em que mesmo uma quantidade mínima de estresse racial se torna intolerável, desencadeando uma série de movimentos defensivos".[55]

Interseccionalidade: um termo cunhado pela professora de Direito e advogada de direitos civis dra. Kimberlé Crenshaw. É uma estrutura que nos ajuda a explorar a dinâmica entre identidades coexistentes e sistemas de opressão conectados, particularmente no que se refere a gênero e raça e às experiências de mulheres negras.

Olhar branco: a lente supremacista branca através da qual as pessoas com privilégio branco veem as pessoas não brancas. O olhar branco também descreve o modo como as pessoas não brancas são definidas, limitadas, estereotipadas e julgadas na imaginação branca, geralmente em detrimento das pessoas não brancas.

Policiamento de tom: uma tática usada por aqueles que têm privilégio branco para silenciar aqueles que não o têm, concentrando-se no tom

---

[55] DIANGELO, Robin. **Não basta não ser racista, sejamos antirracistas**. Barueri: Faro Editorial, 2020.

do que está sendo dito, e não no conteúdo. O policiamento de tom não precisa apenas ser pronunciado em voz alta em público. Pessoas com privilégio branco costumam policiar o tom de pessoas não brancas em seus pensamentos ou atrás de portas fechadas.

Privilégio branco: um termo cunhado por Peggy McIntosh em seu artigo de 1988 "White Privilege and Male Privilege: A Personal Account of Coming to See Correspondences Through Work in Women's Studies" ["Privilégio branco e privilégio masculino: Um relato pessoal de como encontrar correspondências no trabalho de estudos feministas"] e definido da seguinte forma: "Passei a ver o privilégio branco como um pacote invisível de ativos não merecidos com os quais posso contar todos os dias, mas sobre o qual eu 'deveria' permanecer alheia. O privilégio branco é como uma mochila invisível e leve de provisões, garantias, ferramentas, mapas, guias, códigos secretos, passaportes, vistos, roupas, bússola, equipamento de emergência e cheques em branco."[56]

Silêncio branco: ocorre quando pessoas com privilégio branco mantêm o silêncio cúmplice quando se trata de questões de raça.

Síndrome do branco salvador: uma ideia colonialista que pressupõe que as pessoas não brancas precisam de pessoas brancas para salvá-las, que, sem intervenção, instrução e orientação branca, as pessoas não brancas ficarão indefesas e que, sem branquitude, as pessoas não brancas, que são vistas e tratadas como inferiores às pessoas com privilégio branco, não vão sobreviver.

Superioridade branca: a ideia errônea, violenta e racista de que pessoas com pele branca ou clara são superiores e, portanto, merecem dominar pessoas com pele negra.

---

56 MCINTOSH, Peggy. **White Privilege and Male Privilege**: A Personal Account of Coming to See Correspondences through Work in Women's studies. College Art, 1988.

The Circle Way: uma estrutura para conversas profundas e resultados sábios, com base em uma metodologia criada por Christina Baldwin e Ann Linnea em 1992 e, totalmente explicada em seu livro de 2010, *The Circle Way: A Leader in Every Chair*. The Circle Way apresenta a estrutura e metodologia preferidas e recomendadas que os círculos de leitura de *Eu e a supremacia branca* devem seguir para trabalhar por meio do livro *Eu e a supremacia branca* em ambientes de grupo.

Volunturismo: a tendência e o mercado do turismo voluntário, no qual pessoas privilegiadas de países ocidentais viajam para realizar trabalho voluntário de caridade em países da África, da Ásia e da América Latina. O volunturismo é criticado por perpetuar a síndrome do branco salvador.

LEITURA COMPLEMENTAR

O antirracismo é uma prática para a vida toda que requer autoeducação constante e consistente. Abaixo está uma lista não exaustiva de recursos e professores que podem ajudá-lo em sua jornada.

LIVROS

Não basta não ser racista, sejamos antirracistas, Robin DiAngelo. Faro Editorial, 2020

What Does it Mean to Be White? Developing White Racial Literacy, Robin DiAngelo

So You Want to Talk About Race, Ijeoma Oluo

I'm Still Here: Black Dignity in a World Made for Whiteness, Austin Channing Brown

A nova segregação: racismo e encarceramento em massa, Michelle Alexander. Boitempo, 2018

Stamped from the Beginning: The Definite History of Racist Ideas in America, Ibram X. Kendi

Como ser antirracista, Ibram X. Kendi. Alta Cult, 2020

Antagonists, Advocates and Allies: The Wake Up Call Guide for White Women Who Want to Become Allies with Black Women, Catrice Jackson

Why Are All the Black Kids Sitting Together in the Cafeteria?, Beverly Daniel Tatum

Irmã outsider: ensaios e conferências, Audre Lorde. Autêntica Editora, 2019.

E eu não sou uma mulher?: Mulheres negras e feminismo, bell hooks. Rosa dos Tempos, 2019

Emergent Strategy: Shaping Change, Changing Worlds, adrienne maree brown

Citizen: An American Lyric, Claudia Rankine

Por que eu não converso mais com pessoas brancas sobre raça, Reni Eddo--Lodge. Letramento, 2020

Entre o mundo e eu, Ta-Nehisi Coates. Objetiva, 2015

How to be Less Stupid About Race: On Racism, White Supremacy and the Racial Divide, Crystal M. Fleming

This Bridge Called My Back: Writings by Radical Women of Color, organizado por Cherríe Moraga e Gloria Anzaldúa

When They Call you a Terrorist: A Black Lives Matter Memoir, Patrisse Khan--Cullors e Asha Bandele

Eloquent Rage: A Black Feminist Discovers Her Superpower, Brittney Cooper

Algorithms of Oppression: How Search Engines Reinforce Racism, Safiya Umoja Noble

Racism without Racists: Color-Blind Racism and the Persistence of Racial Inequality in the United States, Eduardo Bonilla-Silva

On Intersectionality: Essential Writings, Kimberlé Crenshaw

This Will Be My Undoing: Living at the Intersection of Black, Female and Feminist in (White) America, Morgan Jerkins

Unapologetic: A Black, Queer and Feminist Mandate for Radical Movements, Charlene A. Carruthers

Reclaiming Our Space: How Black Feminists Are Changing the World from the Tweets to the Streets, Feminista Jones

Skill in Action: Radicalizing Your Yoga Practice to Create a Just World, Michelle Johnson

Playing in the Dark: Whiteness in the Literary Imagination, Toni Morrison

Radical Dharma: Talking Race, Love, and Liberation, Rev. angel Kyodo Williams, Jasmine Syedullah e Rod Owens

Tears We Cannot Stop: A Sermon to White America, Michael Eric Dyson

On the Other Side of Freedom: The Case for Hope, DeRay Mckesson

Road Map for Revolutionaries: Resistance, Activism, and Advocacy for All, Elisa Camahort Page, Carolyn Gerin e Jamia Wilson

My Grandmother's Hands: Racialized Trauma and the Pathway to Mending Our Hearts and Bodies, Resmaa Menakem

Post Traumatic Slave Syndrome: America's Legacy of Enduring Injury and Healing, Dr. Joy DeGruy

How We Fight White Supremacy: A Field Guide to Black Resistance, Akiba Solomon e Kenrya Rankin

How We Get Free: Black Feminism and the Combahee River Collective, organizado por Keeanga-Yamahtta Taylor

Mulheres, Raça e Classe, Angela Y. Davis. Boitempo, 2016

They Were Her Property: White Women as Slave Owners, Stephanie E. Jones-Rogers

Blindspot: Hidden Biases of Good People, Mahzarin R. Banaji e Anthony G. Greenwald

Da próxima vez, o fogo: racismo nos EUA, James Baldwin. Red Tapioca, 2019

How to Slowly Kill Yourself and Others in America: Essays, Kiese Laymon

Heavy: An American Memoir, Kiese Laymon

Compaixão: Uma História de Justiça e Redenção, Bryan Stevenson. Red Tapioca, 2019

Waking Up White, and Finding Myself in the Story of Race, Debby Irving

White Rage: The Unspoken Truth of Our Racial Divide, Carol Anderson

PODCASTS

Good Ancestor Podcast, apresentado por Layla Saad (http://laylafsaad.com/good-ancestor-podcast)

Seeing White, de Scene on Radio (https://www.sceneonradio.org/seeing-white/)

Intersectionality Matters!, apresentado por Kimberlé Crenshaw (http://aapf.org/podcast)

How to Survive the End of the World, apresentado por adrienne maree brown e Autumn Brown (https://www.endoftheworldshow.org/)

About Race with Reni Eddo-Lodge (https://www.aboutracepodcast.com/)

Pod Save the People, apresentado por DeRay Mckesson com Brittany Packnett, Sam Sinyangwe e Clint Smith (https://crooked.com/podcast-series/pod-save-the-people/)

CTZN Podcast, apresentado por Kerri Kelly (http://www.ctznwell.org/ctznpodcast)

On One with Angela Rye (https://podcasts.apple.com/pt/podcast/on-one-with-angela-centeio/id1257985728)

Black Girl Mixtape, apresentado por Ebony Janice Moore (https://www.blackgirlmixtape.com/)

All My Relations Podcast, apresentado por Matika Wilbur e Adrienne Keene (https://www.allmyrelationspodcast.com/)

FILMES E DOCUMENTÁRIOS

A 13ª emenda, dirigido por Ava DuVernay

Olhos que condenam, dirigido por Ava DuVernay

The Central Park Five, dirigido por Ken Burns, David McMahon e Sarah Burns

Eu não sou seu negro, dirigido por Raoul Peck

The Color of Fear, dirigido por Lee Mun Wah

The Naked Truth: Death by Delivery, dirigido por Lyttanya Shannon (https://fusion.tv/story/389865/women-fight-black-maternal-mortality/)

White People, dirigido por Jose Antonio Vargas (https://www.youtube.com/watch?v=_zjj1PmJcRM)

Agradecimentos

Nenhum trabalho criativo é realizado no vácuo, e nenhum criador cria verdadeiramente sozinho. É minha intenção e meu desejo que *Eu e a supremacia branca* seja uma parte do legado que deixo como uma ancestral viva agora e com uma boa ancestral quando me for. Eu não poderia ter feito este trabalho sem o apoio e as orações de tantas pessoas, tanto na minha comunidade pessoal quanto na comunidade global.

Obrigada, Deus, pela compreensão, pela paciência e pelo amor concedidos para fazer este trabalho com integridade. Agradeço ao meu marido, Sam, que desde o primeiro dia foi meu maior líder de torcida, e aos meus filhos, Maya e Mohamed, que são minhas maiores inspirações. Agradeço aos meus pais, que incutiram em mim a importância de fazer o possível para deixar este mundo melhor do que eu o encontrei.

Agradeço ao meu círculo sagrado de apoio, Sharona Lautoe, Leesa Renee Hall, Rasha Karim, Latham Thomas, Omkari Williams e minha mentora e amiga, Frantonia Pollins. Obrigada aos educadores, ativistas e escritores negros com quem tive a honra de aprender ao longo deste trabalho desafiador e importante.

Agradeço às ancestrais literárias que influenciaram minha cura como mulher negra e como escritora negra: Audre Lorde, Octavia Butler e a xará de minha filha, Maya Angelou. Agradeço à minha agente, Katherine Latshaw, e aos meus editores da Sourcebooks, que ajudaram a transformar o manual digital gratuito no livro publicado *Eu e a supremacia branca*. Não há palavras para expressar como sou grata pela maneira com que me apoiaram ao fazer com que este trabalho se tornasse o que é agora.

Agradeço às fundadoras do processo The Circle Way, Christina Baldwin e Ann Linnea, que serviram como boas ancestrais para todos nós, estabelecendo um processo e uma metodologia para nos reunirmos em círculo para fazer o trabalho que importa.

Por fim, obrigada a todos que trouxeram *Eu e a supremacia branca* para suas vidas pessoais, famílias, institutos educacionais, empresas, espaços sociais, espaços religiosos, organizações sem fins lucrativos, comunidades e indústrias. Obrigada por não apenas ler o trabalho, mas fazer o trabalho com a intenção de criar um novo mundo onde pessoas negras, indígenas e socialmente racializadas em geral convivam com dignidade e igualdade.

Sobre a autora

LAYLA F. SAAD é respeitada mundialmente como escritora, palestrante e apresentadora de podcast que aborda os temas raça, identidade, liderança, transformação pessoal e mudança social. Como uma mulher da África Oriental, árabe, britânica, negra e muçulmana que nasceu e cresceu no Ocidente e vive no Oriente Médio, Layla sempre se viu em uma interseção única de identidades a partir da qual ela é capaz de encontrar perspectivas ricas e intrigantes. O trabalho de Layla é impulsionado por seu forte desejo de se tornar uma boa ancestral, de viver e trabalhar de maneira a deixar um legado de cura e libertação para aqueles que virão depois que ela se for.

Eu e a supremacia branca é o primeiro livro de Layla. Inicialmente oferecido gratuitamente após um desafio no Instagram com o mesmo nome, o livro digital *Me and White Supremacy Workbook* foi baixado por quase noventa mil pessoas em todo o mundo no período de seis meses antes de se tornar um livro publicado de modo tradicional. O trabalho de Layla foi levado para lares, instituições educacionais e locais de trabalho em todo o mundo que buscam criar mudanças pessoais e coletivas.

Layla é bacharel em Direito pela Universidade de Lancaster, no Reino Unido. Ela mora em Doha, no Catar, com o marido, Sam, e dois filhos, Maya e Mohamed.

Para mais informações, recursos ou dicas sobre como trabalhar com o livro, visite meandwhitesupremacybook.com, em inglês. Para ler mais sobre os textos de Layla, ouvir podcasts, assinar sua newsletter ou saber mais sobre palestras e outras solicitações de mídia, visite laylafsaad.com. Você também pode apoiar o trabalho dela através do Patreon em https://www.patreon.com/m/goodancestorpodcast e seguí-la no Instagram @laylafsaad.

Impressão e Acabamento:
LIS GRÁFICA E EDITORA LTDA.